台州府城墙

罗哲文题

明长城的“示范”和“蓝本”

徐三见　主编

文物出版社

台州府城墙跨山临江
清雄壮險是明長城的
師範和藍本

二〇一一年辛卯初冬
羅哲文題

罗哲文先生题词：台州府城墙跨山临江，清雄壮险，是明长城的『师范』和『蓝本』

《台州府城墙》编撰委员会：

主　任：卢如平

副主任：苏小锐 姜亦青 徐三见

委　员：张驰 潘晓春 章海燕 张鹏 滕雪慧 郑瑛中 陈引奭 王怡德 卢明光

主　编：徐三见

台州府城墙序

前几天，《台州府城墙》编辑委员会苏小锐和徐三见两位先生带着这部书厚厚的校稿来故宫找我，希望我写个序。我虽然觉得自己远不具备“写序”的资格，但还是应允了；因为我实在不忍心拂了他们远道而来的美意，更重要的是因为感受到临海市的领导和同仁们对申报世界文化遗产的热忱，自己也想做出回应。

还是在2006年，国家文物局计划重新设置中国世界文化遗产预备名单，对拟申报项目进行有效动态管理，于是派遣专家实地考察各省拟申报项目。我进行了其中“明清城墙”打捆项目的考察，按照《世界遗产公约》及其《实施指南》的标准，对项目的真实性、完整性以及其是否具有国际视野下的突出、普遍价值进行评估，写出报告，供专家组论证。论证结果报国家文物局审定。“中国世界文化遗产预备名单重设目录”公布以后，临海市政府希望台州府城墙也能列入这个名单，积极进行筹备工作。当他们知道我曾经做过明清城墙的考察时，请示了国家文物局有关同志，2010年邀请我到临海去。我原对临海知之甚少，只是多年前短暂地考察过几个地点。留下较深印象的，确是灵江侧畔的府城墙，还有就是桃渚城了。这次考察所见，尤其是与卢部长和文物界各位同仁一起边看边谈，使这座国家级历史文化名城的形象在我心中丰满立体起来。现在拜读书稿，原来还显零碎的记忆，也逐渐完整起来。

临海地名，由来很古老。据《晋书·地理志》，三国孙吴时已经设了临海郡，统八县，其中即有临海县。说明当时在章安、始丰、宁海、永宁等八县中，临海是可以称为中心的。《隋书·地理志》将拥有天台山作为临海的地理特征。唐高祖改郡为州，在临海县置台州，取天台山为名。《旧唐书》对台州的起始，一说在武德四年置（621），一说五年改海州为台州。此后历经五代、两宋、元、明、清，近1400年间，临海的行政建置一直延续下来。城墙首先是临海悠久建置历史的见证，更重要的是由建置历史所说明的、临海地区文明发展、社会繁荣的历史。如今紫阳街等历史街区仍旧代表着历史城市的风貌，是我们直接感受历史临海的窗口。如果探究临海历史文化之源，唐玄宗时的广文馆博士郑虔贬官台州，以教化传播为己任，影响民俗士风，标志了临海文明一个重要的阶段。南宋以后，临海为近畿之地，侨寓之乡，教育更为发达，科举人才辈出。文物之盛延续至明清。上溯源流，座落在大固山南麓的郑广文祠的意义重大，正如韩愈祠之于潮州。

书稿对临海城墙的特征做了图文并茂的解说，涵盖了城墙的位置与环境、形式与设计、用途与功能、原料与材料等等有关城墙价值判断的各个因素。书中引用和书末附录的丰富的宋代以来对于台州府城墙的直接记载进一步说明了这些价值信息来源的真实可靠。

临海人、南宋国子司业陈耆卿纂修的《嘉定赤城志》梳理了临海古城自吴越至嘉定的八次修建历史，最严重的毁坏都因为遭遇水患。临海城墙所要防御的最大威胁是来自山水与潮水激荡而成的水灾。这个独特的功能需要造就了临海城墙的其他特征。参加了庆历五年（1045）修城工程的临海从事苏梦龄所写《台州新城记》，记载从这次工程开始，城墙兼用砖石包砌。这是我国筑城史上用砖石材料全面包砌城墙的较早明确纪年。南宋人王象祖所作《浙东提举叶侯生祠记》和《重修子城记》，以及元人周润祖所作《重修捍城江岸记》中，记载了南宋绍定二年（1229）在城墙内外增加防洪设施，外侧称为捍城，内侧称为护城；元至正九年（1349）延续这个做法的情况。尤其可贵的是文献中还记载了凭肉眼观察难以发现的，或已经掩埋在地下的特殊技术。比如南宋城墙地基的夯筑技术：嘉定六年时“用牛践土而筑之。每日穴所筑地受水一盂，黎明开视，水不耗乃止。”绍定二年时“……除恶壤。暮穴其筑以受水，诘朝水不耗方止筑”。再如“捍城”，“外联大木，筑之抵坚，以壮其趾。内积巨石，累之极深，以果其腹”。这些记载凸现了临海军民工匠的创造性。文献记载与城墙遗存相互对照，对我们今天认识城墙的现状、解释城墙的文物价值起到重要的作用。也有一些城墙特征我们还解释不清楚，如书稿所描述的城台天窗。但这正是文物魅力的一部分，我们需要通过不断的研究开启古人留给今人的全部智慧。

明洪武初，我国东南沿海一带倭寇猖獗。洪武十九年朱元璋命信国公汤和“往浙江温、台、明、越，筑沿海城堡，置松门等卫”。（参阅《明实录》）“和乃度地浙西东，并海设卫所城五十有九，选壮丁三万五千人筑之，尽发州县钱及罪人赀给役……逾年而城成……明年，闽中并海城工竣”。（参阅《明史·汤和传》）这是临海东北桃渚前千户所城的由来。嘉靖中期，倭寇海匪勾结为患。名将戚继光时任参将，防御台州等三府。他招募金华、义乌丁壮，训练成天下闻名的“戚家军”，在桃渚、台州都与倭寇进行过激烈的战斗。临海人明刑部郎中何宠写《桃城新建敌台碑记》，记戚继光在嘉靖三十八年战胜倭寇之后曾在桃渚城“建敌台二所”。台州府城墙也建有敌台，据戚继光后人所编《戚少保年谱耆编》，敌台在嘉靖四十年与倭寇战斗时还没有建成，故建造敌台当在四十年之后。至隆庆初年，戚继光

以善战盛名北调，总理蓟州、昌平、保定三镇练兵事务，建议沿边墙建跨墙敌台一千二百座。（参阅《明史·戚继光传》）戚继光使台州府城墙与明代蓟、昌长城建立了某种联系。就今天我们的知识，这在全国各城池中是唯一的。

“明清城墙”项目申报世界文化遗产，应该如何评价其是否具有突出的普遍价值呢？我认为，首先这是一个“打捆”项目，项目中的各城池都应该具有重大价值。然后作为一个项目整体，至少要符合一条联合国教科文组织世界遗产委员会规定的价值标准。

对照这些规定的标准，以下五条都可能拉上关系：一、代表人类创造精神的杰作；二、体现了在一段时期内或世界某一文化区域内重要的价值观交流，对建筑、技术、古迹艺术、城镇规划或景观设计的发展产生过重大影响；三、能为现存的或已经消逝的文明或文化传统提供独特的或至少是特殊的见证；四、是一种建筑、建筑群、技术整体或景观的杰出范例，展现历史上一个（或几个）重要发展阶段；五、是传统人类聚居、土地使用或海洋开发的杰出范例，代表一种（或几种）文化或者人类与环境的相互作用，特别是由于不可逆转的变化的影响而脆弱易损。但是这五条中最适用、最贴切的可能是第三条。因为城墙诞生和发展的历史在我国社会发展历史、城市建设史和文化史中具有特殊的地位。自从原始社会后期直至现代社会之前，城墙伴随着中国各民族度过了漫长的历史岁月。城墙发展的不同阶段，是中华文明发展阶段的标志之一。中国古代社会末期，明清时代，城墙在地域上代表了社会发展的一个个中心地区；在政治上表现了等级鲜明、层层管制的政体制度，都城、王城、府城、州城、县城，以及军事方面的卫城、所城，它们的规模，城墙高度，主要街巷安排等等，各自遵守统一的型制制度；由于中国幅员辽阔，民族众多，这些城墙所限定的，往往还具有“地方文化圈”的意义。而且城墙选址的标准也标志着中国古人对自然环境的认识、风水思想、军事思想和技术水平。因此，城墙的文化内涵非常深厚而丰富，综合地见证了中国古代社会文化传统的多重因素。但是最理想的申报名单，应该包括都城、王城、府城等等各个层级的实例。遗憾的是，早在人们认识到城墙对于中华传统文化的巨大历史意义和文物价值之前，我们已经拆除了绝大多数城墙，幸存的也在“完整性”上遭遇很大的障碍。

所以在考察“明清城墙”项目之前和当中，“完整性”是我最大的担忧。当然，完整性也并不是完全的完整无缺憾，而是“体现其全部价值所需因素中的相当一部分得到良好的保存”。把已经拆毁的城墙补建完整，决不能弥补遗产完整性的缺憾。而把现存的遗迹和遗物长期地保护起来，传递下去，无疑是最重要、最迫切的任务。临海市徐市长，卢部长不止一次对我说，保护临海古城是上世纪八十年代以来每届市领导的共识，我们不是为了申报而保护，而是要以申报为载体，把古城文化区的保护工作做得更好。我于是明白了历史文化名城临海、台州府城墙和桃渚城得到了实实在在的保护的根源，在于市领导对保护工作的高度认识，在于这样的认识已经转化为实实在在的保护政策，已经形成临海人民实实在在的保护意愿和行动。我祝愿在优秀传统文化滋养下的临海人民，把古城和城墙的保护工作一代一代地持续下去。

是为序。

故宫博物院研究馆员 晋宏逵

2011 年 11 月 11 日

Several days ago, Mr. Su Xiaorui and Mr. Xu Sanjian, members of the Editorial Board of Taizhou Prefecture City Walls, came to me with the thick proofed manuscript of the book and asked me to write a preface for it. Although I thought I was not qualified to write a "preface", I agreed as I couldn't disappoint them because they came from afar. More importantly, I felt the enthusiasm of the leaders and my peers in Linhai for applying for the inscription on World Heritage List and I wanted to respond to their passion.

As early as in 2006, the State Administration of Cultural Heritage (SACH) planned to redesign China's world cultural heritage tentative list and exercise effective dynamic management to the applying candidate for inscription on the World Heritage List. To this purpose, the SACH sent experts to make field investigation to the candidate sites. I was assigned to conduct investigation on the project package of City Walls of the Ming and Qing Dynasties. In line with the Convention Concerning the Protection of the World Cultural and Natural Heritage and the Operational Guideline for the Implementation of the Convention Concerning the Protection of the World Cultural and Natural Heritage, I verified the authenticity and integrity of the project and assessed whether it has the outstanding universal value under the international vision and wrote the report to the expert team for demonstration. The results were submitted to the SACH for review. When the Redesigned Tentative List of China's World Cultural Heritages was unveiled, Linhai People's Government hoped to add Taizhou Prefecture City Walls to the list and actively made preparation for this purpose. When they learned that I had surveyed the city walls of the Ming and Qing dynasties, they asked for approval from the relevant leaders of SACH and invited me to Linhai in 2010. I knew little about Linhai before and only briefly surveyed several sites years ago. What impressed me the most were the city walls by Lingjiang River and Taozhu City. What I saw this time, especially the talks with Director Lu and peers of the cultural heritage circles, made the national historical and cultural town more vivid in my mind. The fragmented memory were linked and made up when I read the manuscript.

The name of Linhai can be dated back to a long time ago. According to the Book of Jin (Jin Shu)- Geographic Record, Wu Kingdom of the Three Kingdoms Period set up Linhai Shire which governed eight counties, including Linhai County. It implied that among the eight counties such as Zhang'an, Shifeng, Ninghai and Yongning, Linhai was the center. In the Book of Sui- Geographic Records, Tiantai Mountain was recorded as the geographic feature of Linhai. Emperor Gaozu of the Tang Dynasty, changed the shire system to prefecture and set up Taizhou Prefecture, named after Tiantai Mountain. In Old Book of Tang, the start of Taizhou had different records. One was that it was set up in the fourth year of Wude Period (621) and another was that in the fifth year of Wude Period, Haizhou Prefecture was changed to Taizhou Prefecture. In the nearly 1,400 years from the Five Dynasties, Song, Yuan, to the Ming and Qing dynasties, the administrative system remained unchanged. The city walls were the witness of the long establishment of Linhai and more importantly, the history of cultural development and social prosperity of Linhai. Today, the historical streets including Ziyang Street represent the style of a historical town and the window for us to directly experience Linhai.

While examining the source of Linhai's cultural history, Zheng Qian, court academician of Guangwenguan (Guangwen Academy) during the rein of Emperor Xuanzong, the Tang Dynasty, was an important person to mention. After being demoted to Taizhou Prefecture, Zheng took enlightenment and cultural communication as his mission and influenced the folk customs and moral of scholars, marking an important section of Linhai's cultural development. In the Southern Song Dynasty, Linhai was close to the capital and became a hometown of emigrants, enjoying more developed education, and many people excelled in the imperial examinations. The cultural prosperity went down to the Ming and Qing dynasties. If tracing the origin of prosperity, Zheng Guangwen Temple which is located on the south side of Dagu Mountain has a significant meaning, just like Han Yu Temple to Chaozhou.

The book illustrates the city walls of Linhai with colorful pictures, covering the elements that decide the values of the city walls such as the location, environment, style, design, purpose, functions and raw materials. The quotation in the book and the direct records since the Song Dynasty about Taizhou Prefecture City Walls in the appendix prove authenticity and reliability of the information sources.

Jiading Chicheng Record, complied by Chen Qiqing, an official of the Imperial Academy of the Southern Song Dynasty, recorded the eight times of re-construction in history from Wu and Yue Kingdoms of the Spring and Autumn Period to the rein of Emperor Jiading. The most serious damage was caused by flood. The largest threat to the city walls of Linhai was the flood caused by the water running from the mountains

and the tide wave. The unique functional requirement created other features of Linhai's city walls. Su Mengling, who took part in the city building project in the fifth year of Qingli Period (1045), recorded in the Record of Taizhou New Town that from that project the city walls were built with bricks and stones covering the surface of the walls. That was the relatively earliest record about the history that the city walls were built with bricks and stones in China. It was recorded in the Record of Zhedong Official Ye's Lifetime Temple and Record of Zicheng Reconstruction written by Wang Xiangzu of the Southern Song Dynasty and Record of Guiding City Bank Rebuilding written by Zhou Runzu of the Yuan Dynasty that flood-control facilities were added to the outer city walls in the second year of Shaoding Period, the Southern Song Dynasty (1229); of that the outer part was named Guarding City while the inner part was named Shielding City. In the ninth year of Zhizheng Period, the Yuan Dynasty (1349), the practice was followed. More importantly, historical documents record the special technique that were buried underground or cannot be discovered today with naked eyes, for instance, the ramming building technology of the city wall groundsill of the Southern Song Dynasty. It was recorded like that: In the sixth year of Jiading Period, "cows were made to trample the soil to build the wall. Everyday a hole will be scooped out on the built wall and a cup of water will be poured to the hole. When the water level remains unchanged the next morning, the construction stops." In the second year of Shaoding Period, ".... Remove the unqualified soil. At dusk scoop out a hole on the built wall and pour a cup of water in the hole. Stop construction when the water is not consumed the next morning. For example '"the Guarding City" is connected with large timber externally and constructed to make the base strong. Inside the timbers, huge stones are loaded deeply to fill up the blank." These records reflected the creativity of the craftsmen and people of Linhai. The cross reference between the literates and the city wall relics plays a significant role in helping us understand the current situation and interpret the cultural value of the city walls. There are still some features that we cannot explain, for example the skylight of the platform. It is the charms of the cultural relics and we need to continue to research to understand the wisdom left by the ancient people.

In early years of the rein of Emperor Hongwu, the Ming Dynasty, Japanese pirates were rampant along the southeast coastal area. Zhu Yuanzhang ordered Tang He, Lord of Xin to "Wenzhou, Taizhou, Mingzhou, and Yuezhou of Zhejiang to build coastal castles and set up sentry posts such as Songmen" in the 19th year of Hongwu Period (Veritable Records of the Ming Dynasty). "Tang He measured the area of Zhejiang, and set up 59 coastal sentry posts along the coastal line and selected 35,000 peoples to build the posts. All the money of the local prefectures were used and all prisoners were employed to build the posts. ... in the second year, the posts were completed.... in the next year, Minzhong and Haicheng projects were completed" (History of the Ming Dynasty- Biography of Tang He). That was the origin of the Qianhu Post City of Taozhu, northeast of Linhai. In the mid-Jiading Period, the Japanese pirates colluded with sea bandits. Qi Jiguang, a famous general in the history of China, was the major general defending three prefectures, including Taizhou Prefecture. He recruited the healthy and strong men of Jinhua and Yiwu and trained them into the world famous Qi's Army which had fought fiercely with the Japanese pirates in Taozhu and Taizhou. He Chong, an official of the Ministry of Punishment of the Ming Dynasty, wrote in his Record of Newly Built Sentry Platform Stele of Taocheng that Qi Jiguang built "two sentry platforms" in Taozhu City after winning over the Japanese pirates in the 38th year of Jiading Period. On the city walls of Taizhou Prefecture there were sentry platforms. According to Chronicle of Junior Guardian Qi written by posterities of Qi Jiguang, the sentry platforms were not completed in the 40th year of Jiading Period when Qi was fighting against the Japanese pirates. So the sentry platforms must be completed after the 40th year of Jiading Period. In the first year of Longqing Period, Qi Jiguang was transferred to the north for he was famous for being good at fighting to take charge of the army training of Jizhou, Changping and Baoding. Qi proposed to set up 1,200 cross-wall sentry platforms along the Great Wall (History of Ming – Biography of Qi Jiguang). Qi set up a certain connection between the city walls of Taizhou Prefecture and the Great Wall of Jizhou and Changping of the Ming Dynasty. To our knowledge today, it is the only one among all the cities of China.

How to assess whether the project package City Walls of the Ming and Qing Dynasties have outstanding universal values required for being inscription on the World Heritage List? First of all, I think, in this package, all the cities have important value. Secondly, the project must meet one of the criteria defined by the UNESCO and the World Heritage Committee.

Referring to the criteria, the following five criteria are involved: first, to represent a masterpiece of human creative genius; second, to exhibit an important interchange

of human values, over a span of time or within a cultural area of the world, on developments in architecture or technology, monumental arts, town-planning or landscape design; third, to bear a unique or at least exceptional testimony to a cultural tradition or to a civilization which is living or which has disappeared; fourth, to be an outstanding example of a type of building, architectural or technological ensemble or landscape which illustrates (a) significant stage(s) in human history; fifth, to be an outstanding example of a traditional human settlement, land-use, or sea-use which is representative of a culture (or cultures), or human interaction with the environment especially when it has become vulnerable under the impact of irreversible change. Among these five criteria, the third one is the most applicable. It is because the emergence and development of the city walls occupy a special position in the social development, city building and cultural development of China. From the late primitive society to the period before the modern society, city walls accompanied the ethnic groups of China for quite a long period. Different development stages of the city walls are signs of the Chinese civilization development. During the late period of the ancient society, the Ming and Qing dynasties, geographically the city walls represented the regional centers; politically, it represented the distinctive hierarchical system. The capital city, king city, prefecture city, shire city and county city, and the military defending city and sentry city were subject to a unified specification system on the size, wall height and arrangement of main streets. As China has a vast territory and a number of ethnic groups, the city walls in the past also had the significance of "regional cultural circle". The standards of the city wall site choosing reflect the knowledge of the ancient people to the nature, the ideas of geomantic omen, military concept and the technological level. Therefore, the city walls have deep and rich cultural significance and witnessed different factors of China's social and cultural traditions. The most ideal submission list shall include examples of the capital city, king city and prefecture city. Pitifully, most city walls have been dismantled before the significant historic meaning of the city walls to China's traditional culture and the cultural relic values were recognized. The survived city walls are confronted with obstacles of "completeness".

So before and during the survey of the City Walls of the Ming and Qing Dynasties, I worried most about the "completeness". Of course "completeness" does not mean that it has no defects, but "quite a part of which is needed to reflect the whole value of the applicant is well preserved". Amending the demolished city walls cannot make up the pity of the incompleteness in any case. On the contrary, well preserving the existing relics in a long term and passing on to the next generations is the most important and most urgent mission. Mayor Xu and Director Lu of Linhai told me more than once that protecting the ancient city of Linhai has been the common understanding of the leaders since the 1980s and we did not protect the relics for the purpose of the inscription on the World Heritage List, but for better preservation of the ancient city. Then I understood why the ancient city of Linhai, Taizhou Prefecture City Walls and Taozhu City have been well protected. The awareness of the leaders of Linhai and the practical protection policies they have taken have been transformed to the willingness of protection and action of Linhai people. I sincerely wish that the Linhai people, nourished by the outstanding traditional culture, can pass on the protection works of the ancient city and the city walls from generations to generations.

It is hereby prefaced.

Jin Hongkui, research fellow of the Palace Museum

November 11, 2011

目录 Contents

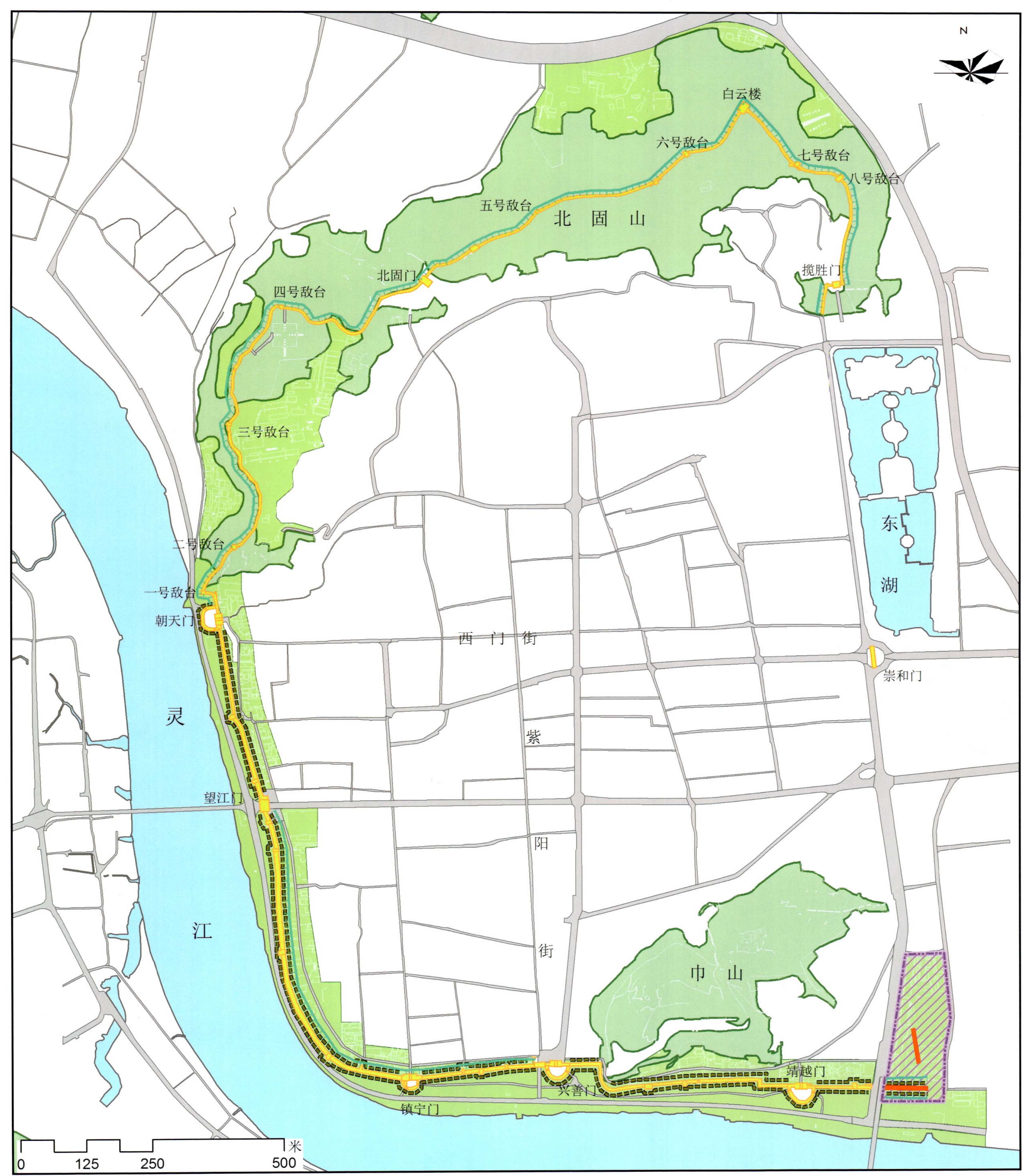
N
白云楼
六号敌台
七号敌台
八号敌台
五号敌台
北 固 山
揽胜门
北固门
四号敌台
三号敌台
东
湖
二号敌台
一号敌台
朝天门
西 门 街
崇和门
灵
紫
望江门
阳
江
街
巾 山
靖越门
兴善门
镇宁门
0 125 250 500 米

台州府城墙现状平面图

◎ 晨曦初照中的北固山城墙

◎北固山南麓城墙

◎华灯初上之台州府城

台州府城墙的现状

台州府城，即临海城，位于浙江省临海市老城区，形势险要，风光秀美，前有灵江环绕，后有北固屏障，东南巾山耸秀，东面湖水漾波。我国人文地理学之鼻祖明临海人王士性谓：“（两浙）十一郡城池，唯吾台最据险，西南二面临大江，西北巉岩参削插天，虽鸟道亦无。”[1]宋陈耆卿在《嘉定赤城志》卷二中描述：“以今城垒，骋目而望，据大固山，界天台、括苍间，巾峰对峙，如入几席；仙居、天台二水别流至三江口而合；萦纡演迤，环拱其郛，岩光川容，吞吐掩映于烟云缥缈之际，真足以奠城社，表宅里，聚廛市，以雄跨一方矣。”

台州府城墙随地形呈东北——西南走向，平面大体为方形，周长6286.63米。城墙总体呈后沿北固、前际灵江的格局。西南自灵江大桥（一桥）东侧起，由巾山南麓沿江而西，过镇宁门后渐弧折而北至朝天门，然后沿大固山危崖北上，再折而东，沿山脊至大固山东端白云楼，又折而南，下至揽胜门，沿东湖西岸南伸至灵江江滨。

西、南二面沿江城墙基本为宋明清三代旧物，明清均在宋代原始墙体上有所扩修。此段城墙长2370.00米，现存高度一般为7.00米，下宽9.00米，上宽4.00米。城墙墙体的中心部分为夯土，属北宋初期重筑时的遗存，夯土以外层层加扩，历次修缮加固痕迹十分明显，外表的一层基本皆明末清初之物，或以砖砌，或用石片。部分墙面采用露龈造技术。由于城区地面不断淤积，宋代城墙已有2.50米沉于地表以下。城墙外侧固以捍城，内侧加筑护城，藉以增强防洪能力。目前捍城距江岸大多地段在30米开外。东段城墙已于五十年代拆除，原城墙基址沿东湖路、大桥路至灵江江岸与南城墙相接。北面大固山上城墙绝大部分久已毁圮，但城墙基础大多尚存，二十世纪九十年代在原城墙基上加以复原。

城旧有七门，门上皆有楼：东曰崇和门，楼名惠风；南曰兴善门，楼曰超然；又有镇宁门，楼名神秀；东南曰靖越门，楼亦名靖越；西南曰丰泰门，楼名霞标；西曰括苍门，楼名集仙；又有朝天门，楼名兴公。城门除东面的崇和门五十年代被拆，西南的丰泰门、西面的括苍门在历史上出于防御或防洪上的考虑被堵塞外，余四门皆完好。四城门结构基本相同，门墙由门台和砖墙组成，门洞均呈拱券状，起闭的门设在门洞中心偏内，门内两侧外扩，高至城墙顶部，形成长方形天洞。门外侧设有防洪闸槽。城门外筑重门，形成瓮城，靖越、兴善、朝天三门瓮城均呈半圆形，镇宁门瓮城则介于半圆半方之间。四门具体情况如下：

靖越门，位于城东南隅。现存门墙高度7.00米。门台底部长22.20米，宽12.32米；台面长20.30米，宽9.90米。门台下部采用条石干砌，上部用砖错缝平砌。门洞通高

◎靖越门瓮城近景

◎靖越门瓮城外观

4.00 米，宽 3.60 米，进深同门台宽度。内洞口内凹 1.25 米，宽 4.40 米，高 4.97 米，上端以三道横线和二道菱角牙子出跳；外洞口内凹 1.33 米，余与内同，上端仅饰一道菱角牙子。门内两侧内延 2.20 米、外扩 0.40 米，顶上天洞长 4.34 米、宽 2.20 米。防洪闸槽位于门前 2.36 米，宽 0.18 米，深 0.15 米，顶上槽缝 0.38 米。瓮城东西直径 47.05 米，南北半径 25.64 米。瓮城墙两端厚，中间薄，两侧底部厚 6.00 米左右，上端 4.50 米左右；中间底部 4.50 米左右，上端 4.00 米左右。设东西二门，门洞亦呈拱券形。西门洞大小高低内外有别：内高 4.60 米，宽 3.80 米，深 3.80 米；外高 2.54 米，宽 3.00 米，深 2.47 米。门即做在两者之间。防洪闸槽距外洞口 1.30 米，槽宽 0.12 米，深 0.13 米，顶上槽缝 0.20 米。东门洞内高 4.46 米，宽 3.75 米，深 3.73 米；外高 3.01 米，宽 2.44 米，深 2.80 米。防洪闸槽距外洞口 1.17 米，槽宽 0.12 米，深 0.07 米，顶上槽缝 0.15 米。

兴善门，位于巾山西侧。现存门墙高度 6.90 米。门台底部长 23.40 米，宽 13.71 米；台面长 20.80 米，宽 12.00 米。门洞通高 3.73 米，宽 4.02 米，进深同门台宽度。内门洞内凹 0.80 米，宽 5.00 米，高 5.00 米；外洞口内凹 0.65 米，宽高同于内；上端均以二道横线和一道菱角牙子出跳。门内两侧内延 2.55 米，扩深 0.49 米，顶上天洞东西长 5.10 米，南北宽 2.65 米。防洪闸槽在门南 2.72 米处，槽宽 0.15 米，深同，顶上槽缝 0.38 米。瓮城东西直径 42.5 米，南北半径 23.10 米。厚度两侧底部 5.41 米左右，上端 4.80 米左右；中间底部 3.50 米左右，上端 2.60 米左右。亦设东西二门。西门洞高 3.16 米，宽 2.50 米，深 5.41 米。门距外洞口 1.95 米，内侧做法与城门相似，内延 1.86 米，扩深 0.35 米。拱券之上再起拱 1.54 米，无天洞。防洪闸槽距外洞口 0.87 米，槽宽 0.14 米，深同，顶上槽缝 0.23 米。东门门洞外道高 3.68 米，宽 2.53 米，深 2.10 米；里道高 3.76 米，宽 2.80 米，深 1.71 米；中间扩深各 0.40 米，泊门位延 1.17 米。防洪闸槽距外洞口 1.08 米，槽宽与深均 0.10 米，顶上槽缝 0.20 米。

镇宁门，位于兴善门西。现存门墙高 7.21 米。门台底部长 25.50 米，宽 13.21 米；台面长 22.60 米，宽 10.45 米。门洞通高 4.60 米，宽 3.90 米，进深同门台宽度。内洞口内凹 0.93 米，宽 4.90 米，高 6.38 米，券顶以上 0.35 米处饰有一条券形带，带上以三道横线和二道菱角牙子出跳，带下饰有夔龙及云纹；外洞口内凹 1.03 米，宽高同内。门内两侧内延 2.46 米，外扩 0.50 米，顶上天洞东西长 4.34 米，南北宽 2.44 米。防洪闸槽在门外 2.85 米，槽宽 0.175 米，深 0.12 米，顶上槽缝 0.37 米。瓮城东西直径 31.20 米，南北半径 16.20 米。内中西侧加筑三道护城。瓮城门一设东侧，一设西南角。南门洞结构同靖越瓮门，即内大外小、内高外低。内高 3.89 米，宽 3.20 米，深 1.92 米；外高 3.14 米，宽 2.35 米，深 2.39 米。防洪闸槽距外洞口 1.20 米，槽宽 0.15 米，深 0.10 米，顶上槽缝 0.37 米。东门洞内外高均 3.26 米，但大小不同，外洞宽 2.53 米，深 2.17 米；内洞宽 2.90 米，深 1.68 米；防洪闸槽距外洞口 1.00 米，槽宽 0.17 米，深 0.10 米，顶上槽缝 0.12 米。

◎靖越门门台

◎靖越门内观

◎靖越门主城门

◎兴善门及瓮城

◎ 兴善门瓮城内观

◎ 兴善门西侧之滨江城墙

◎镇宁门外观

鎮寧

◎镇宁门外景集锦

◎镇宁门内观

◎朝天门瓮城

◎ 朝天门瓮城顶部

◎ 朝天门瓮城内观集锦

◎朝天门城墙逶迤而上 蜿蜒于北固山山脊

◎朝天门瓮城与敌台

朝天门，位于大固山南侧。现存门墙高7.23米。门台底部长23.00米，宽13.82米；台面长20.06米，宽11.65米。门洞通高4.7米，宽4.00米，进深同门台宽度。内洞口内凹1.22米，宽5.00米，高5.95米，上端以四道横线和二道菱角牙子出跳；外洞口内凹1.30米，宽高同内，上端出跳二道横线。门内两侧内延7.54米，外扩0.45米，顶上天洞南北长4.60米，东西宽2.45米。防洪闸槽在门外2.65米，槽宽0.165米，深0.11米，顶上槽缝0.19米。瓮城直径48.16米，半径27.30米。厚度两侧底部6.35米左右，上端4.60米左右；中间底部5.50米，上端4.20米左右。内设南北二门。北门结构同靖越，内高外低，内大外小。内高4.36米，宽3.00米，深4.30米。外高3.33米，宽2.40米，深2.03米。外洞口于清中后期曾做修理，顶上置宽0.95米的横条石一块，故通高减至2.67米。防洪闸槽距外洞口0.96米，槽宽0.115米，深0.07米，顶上槽缝0.19米。南门内高4.50米，宽3.31米，深3.30米；外高3.59米，宽2.50米，深2.06米。防洪闸槽距外洞口1.02米，槽宽0.11米，深0.07米，顶上槽缝0.19米。

镇宁门以西至朝天门一带尚保存六个“马面”。与一般古城的“方形”形制完全不同，其靠江的上游方向——即迎水面或呈斜面，或呈弧面。从镇宁门往西延伸，以城门上部西端至“马面”正中测距：第一个“马面”西距镇宁门153.75米，内宽7.50米，外凸6.16米，外端面宽4.20米，迎水一面呈弧形。第二个与第一个相距223.50米，内宽9.00米，外凸6.40米，外端面宽6.60米，迎水面为斜面。第三个相距178.15米，内宽3.40米，外凸4.60米，外端与江上游不分面，合呈弧形。第四个相距56.30米，内宽5.20米，外凸4.40米，外端与江上游亦相合而成一弧面。第五个相距74.80米，内宽6.40米，外凸6.10米，外端面宽4.40米，江上游方向呈斜面。第六个相距101.68米，内宽7.60米，外凸江下游方向8.20米，江上游方向6.45米，外端呈斜面，宽6.70米，形成了或许世界范围内唯一的两个都是斜面的“马面”。

◎濒临灵江的朝天门与西段滨江城墙

◎揽胜门正面

◎揽胜门侧面

◎ 不同角度之揽胜门

崇和門

台州府城墙是浙江省目前保存最完好的一座古代城墙建筑，较完整地保存了古代城墙的历史信息。1997 年 8 月 29 日被浙江省人民政府公布为第四批省级文物保护单位。2001 年 6 月 25 日被国务院公布为第五批全国重点文物保护单位。

注：

[1] 明王士性《广志绎》卷四。

◎崇和门（左）

◎揽胜门下石坊（下）

◎ 城门之防洪闸槽（左）

◎ 露龈造砌法之西南段城墙（上）

◎露龈造砌法一瞥

◎郭外灵江江上山

台州府城墙的历史沿革

台州府城墙肇始于东晋，为临海郡守辛景所筑。宋陈耆卿编纂之《嘉定赤城志》卷十九《山水门》载："大固山，一名龙顾山……按旧经，晋隆安末，孙恩为寇，刺史辛景于此凿堑守之，恩不能犯，遂以大固、小固名山。"又引《壁记》云："隋平陈，并临海镇于大固山，以千人护其城。"文中所引之《壁记》，即北宋咸平年间曾任台州郡守曾会所撰之《台州郡治厅壁记》，《记》中的原话是："隋开皇九年（589），平陈，郡废，则诸县并归临海，镇于大固山，配一千守护其城"（"千"后应有"人"字）。《词源》"临海"条称："东晋时，郡守辛景于临海北大固山筑子城以拒孙恩。"《辞海》亦云："东晋时孙恩起义，曾与郡守辛景大战于此。临海旧城相传为辛景抵御孙恩所筑。"由此可知，城墙最初筑造于东晋末年，位置在北固山西北段，范围大体相当于后来的子城，面积不超过67000平方米。

台州设置于唐武德四年（621）。对于台州城的建置，历史文献没有太多而直接的记述，明著名的人文地理学家王士性在其所著之《广志绎》卷四中有云："两浙东西以江为界，而风俗因之……十一郡城池，惟吾台最据险……此唐武德间刺史杜伏威所迁，李淳风所择。"台州城是否杜伏威和李淳风迁筑，目前已无法考证，但筑于武德年间应该问题不大。《嘉定赤城志》卷三十一《祠庙门》载："州城隍庙，在大固山东北，唐武德四年（621）建。"有城乃有城隍，彼此互证，州城亦当筑于武德四年。城的规模西南濒灵江，北跨北固山，东在今钱暄路一带。降至大历年间（766 ~ 779），台州衙署自北固山上移至山下之西北麓，子城估计亦当建造于其时。中唐诗人许浑在台州时，写过一首《陪郑使君泛舟晚归》诗，诗的前两句为"南郭望归处，郡楼高抱帘"，"郭"指外城，所谓南郭，即指西南濒临江岸的城郭，也就是作者泛舟登岸的地方。这是目前所知唐代文人惟一直接描写到台州城城郭的诗句。

唐代城门的位置、数量、名称，由于文献缺载，尚难确知。文献最早述及城门的是北宋庆历六年（1046）台州郡守元绛撰写的《台州杂记》，但仅仅"外内九门，饰之楼观"一语[1]。所谓"内外九门"，即宋陈耆卿《嘉定赤城志·城郭》中所述外郭七门："南曰镇宁门，楼名神秀；曰兴善门，楼名超然；东曰崇和门，楼名惠风；西曰括苍门，楼名集仙；东南曰靖越门，楼名靖越；西南曰丰泰门，楼名霞标；西北曰朝天门，楼名兴公。"子城二门："东曰顺政门，楼名东山；西曰延庆门，楼名迎春。"（《赤城志》载子城三门，谓"南曰谯门，上有楼不名。"此或设于庆历之后，故不在元绛计算之数。）就常理而言，有城必有门，由此推断，唐代城门的构制应该与宋代大致相同。

北宋初年，台州城的城垛曾一度被拆。被拆的原因完全是因为政治上的关系。吴越钱氏自唐昭宗乾宁四年（897）据有台州，历经五代，至后周显德七年（960），宋太祖赵匡胤正式建立了北宋王朝，改元建隆。开宝八年（975），灭南唐，南唐后主李煜成了北宋的俘虏。一年后，赵

◎辛景与孙恩大固山之战：东晋元兴元年（402）三月，孙恩率领的农民起义军进攻临海，临海郡太守辛景凿堑于大固山以拒之，并击败孙恩。

匡义继位，史称宋太宗。鉴于形势，钱氏不得不遣使称臣。太平兴国三年（978）四月，钱俶亲自赴京，向宋太宗“乞罢所封吴越国王，及解兵马大元帅”，五月初一复请求“献其两浙诸州”[2]。为了进一步表明心迹，钱俶又派人命将原吴越国境内的城池全部拆毁，仅台州城稍稍例外。对此，民国《临海县志》卷五作了如下记述：“太平兴国三年（978），吴越归版图，堕其城示不设备，所存惟缭墙。”“所存惟缭墙”，是指城垛统统被拆，仅仅保留了墙体。之所以没有被彻底拆除，应该与台州府城墙的防洪作用有关。

在三十余年后的大中祥符年间（1008～1016），城垛全部恢复。

北宋庆历五年（1045），台州暴雨成灾，洪水冲毁城郭，朝廷遣太常博士彭思永至台督修，聚台州各邑之力，历三旬而毕。之后，复砌之以砖石。对于这一次的特大洪灾以及修城的经过，当时参与修城的临海从事苏梦龄在其《台州新城记》中有较详细的记述：“庆历五年夏六月，临海郡大水，坏郛郭，杀人数千，官寺民室，仓帑财积，一朝扫地，化为涂泥……遂请以太常博士监新定郡彭思永权守之，秘书丞定海宰马元康为之贰。已乃量功命日，属役赋丈，分僚职而帅焉。繇西北隅以黄岩令范仲温专掌之，从事赵充参综之；西南隅以临海令李匄专掌之，从事苏梦龄参综之；东南隅以宁海令吴庶几专掌之，从事褚理参综之；东北以临海尉刘初专掌之，决曹魏中参综之。其址凡环数里，而四隅三面壤界相属，惟北面以破山而阙焉。城制虽存，然实巨防也。中以仙居令徐赵专掌之，狱掾宗惟一参综之。又命司逻乔筠、邢昭素、宋世隆迭番讥呵，以警非常，会世雍换丹阳而新监军胡祯代。终厥绪，彭侯感厉抚绥，诸大夫各祇所职，役徒忘劳，三旬而成。”继而，“群议又曰：‘城则信美矣，然万分之一復罹水灾，而激突差久，则惧其或有颓者，不若周之以陶甓，则庶几常无害欤。’外台然而行之，曰：‘虽重疲吾民，其利至博也已。’惟黄岩令曰：‘陶甓虽固，犹未如石之确也。’乃请兼用石。”

次年，元绛来任台州郡守，“乃因新城而增甓之，作九门捍外水之怒，十窦窗疏内水之壅，又凿梁贯城，断为三支，阅岁讫工”[3]。这一次修城，不惟工程巨大，且一改以往的泥土夯筑为砖石包砌，具有里程碑式的意义。

至和元年（1054），复大水，城不淹者数尺，郡守孙砺再加增筑[4]。

嘉祐六年（1061），洪水再一次冲毁南城墙，郡守徐亿“谓城南一带当水冲，用牛践土而筑之。每日穴所筑地受水一盂，黎明开视，水不耗乃止。”[5]

熙宁四年（1071），郡守钱暄内迁东城墙。陈耆卿《嘉定赤城志》卷二载：“按故基，东自小鉴湖，循清心岭而南，萦抱旧放池，直接城山岭古通越门土地庙处。盖今湖昔地皆闉阇中物也。后乃徙之而西，缩入里余。”也就是说，我们现在所见到的东城墙墙址即熙宁四年（1071）迁徙后的基址，而在迁徙之前，东城墙的位置是在东湖以外，亦即今钱暄路一带。内迁东城墙的主要目的是为了排涝。临海号称“水国”，水灾频繁，湖在城内，东北诸山之水都汇集到这里，一逢秋潦，城内几乎都是水，当时的郡守钱暄将此作为自己任内的一项德政，采取浚湖筑城的办法，即取东湖（此前为船场水军营）淤积之土，迁筑东面城墙，可谓一举两得。

东城筑就以后，钱暄又对东湖通向灵江的渠道进行了整治，把它改造成一条护城河。又在东门加筑了瓮城，“其门南向，以受山水趋朝之势”[6]，用吊桥启闭。此举也大大增强了台州城的军事防御功能：北以大固山为屏障，西南借灵江为天堑，东则以湖、河分隔，遇敌无直冲之患。

从北宋熙宁四年（1071）开始，城的框架已经固定下来，其后的各个朝代，无论是城墙还是城内的基本格局，都没有什么大的变化，有的只是对城墙增高补缺，加宽加厚而已。

勾稽大要，约略如下：

宣和三年（1121），仙居吕师囊数攻台州城，城多圮坏，邑绅黄袭明捐资倡修，又因北面城墙旧无闉堞，亦一并予以加筑[7]。

◎北固山城隍庙山门（上）

◎北固山城隍庙侧之隋代古樟（右）

◎彭思永庆历复州城：北宋庆历五年（1045），大水毁城，朝廷遣太常博士彭思永至台督修，历时三旬而竣。继而又在城的外表甃以砖石，使之愈加坚固。

淳熙二年（1175），郡守赵汝愚惧城复圮于水，为之大修，计用工一万五千三百七十六，用钱二十万七千九百贯，用米四千六百石[8]。

次年，大水城危，知州尤袤提护修葺，“城全，邦人歌之”[9]。

绍定二年（1229）九月，大水决城，浙东提举叶棠亲自至台督修，除葺废补缺外，将全部城墙增高二尺，加厚三尺，又在城的外侧加筑捍城一千四百丈，内侧增筑高台，同时重修子城。为了降低水患，塞括苍、丰泰二门。时人誉为“矗然伟观，可并边城。”[10]。台州通判陈观以为台城屡遭水患，不可补筑，只能他迁，于次年上《筑城议》于朝廷。邑人陈耆卿则以为不宜轻易迁城，只能全力修筑，遂作《上丞相论台州城筑事》以呈。台城赖以不迁。

◎徐太守以牛践土葺南郭：北宋嘉祐六年（1061），大水毁南城，知州徐亿以牛践土而筑之，每晚穴水一盂，至次日水不耗为止。

◎钱暄开湖移东城：北宋熙宁四年（1071），郡守钱暄将原船场水军营浚凿而成东湖，并将东城墙内移里许，使城池既增强了泄涝排洪的能力，又改善了东城一带军事防御的地理条件。

◎赵宰相问政修旧堞：南宋淳熙二年（1175），知州赵汝愚问政于民，乃知台之首务，以城为要，遂为大修。汝遇后历官至宰相。

元代初年，子城被拆，仅存子城东门。按：据元周润祖的《重修捍城江岸记》云："皇元大一统，尽堕天下城郭，以示无外。独台城不堕，备水患也"[11]。在这一次全国性的拆城举措中，外城虽因防洪作用而得以保留，但子城必在被拆之列。兼以明清制度不允许在府、县城内建造子城，故而在元代以降的各种文献中，我们再也看不到有关描述子城的文字了。

至正九年（1349），达鲁花赤僧住、总管月鲁花帖木儿以"城距今滋久，堤且勿固"，重修捍城，是役"辇石高山，取灰于越。外联大木，筑之极坚，以壮其趾；内积距石，累之极深，以实其腹……延袤崇广，周固坚缜，视昔倍蓰焉。"[12]。

至正十八年（1358），方国珍攻下台城，复修缮之[13]。

永乐十五年（1417），又相继增葺之[14]。

嘉靖三十一年（1552），因久无战争，城墙颓圮，嘉靖伊始，倭患渐炽，台州知府宋治于是年全面整修台州府城。民国《台州府志》卷一百三十四《大事略三》称是年“始筑台州府城”，民国《临海县志》卷五《城郭》引《方舆纪要》则云：“嘉靖三十二年，以倭患修治，几费经营。”彼此相差一年。

嘉靖四十年（1561），城因久雨多圮，台金严参将戚继光、台州知府王可大为之大修，并创建敌台十三座[15]。

顺治十五年（1658），惧郑成功来攻，摄兵备道胡文烨、署台州知府王阶全面整葺城池，同时将城增高三尺，垛口并三为一，“规制巍壮，屹然改观，称金汤焉。”[16]。同时，又于北固山北城墙的几个制高点建造敌台数座[17]。

康熙五十一年（1712），因城“为飓风所坏”，台州知府张联元修复之[18]。并筑沿江镇宁、兴善、靖越、朝天四门瓮城[19]。

康熙五十七年（1718），台州知府张联元整葺改造沿江四城门，将顺水而辟的瓮城门改向逆水而开。同时重开丰泰门。据民国《临海县志》卷五《建置》载：“（康熙）五十七年夏，经营修复镇宁、兴善、靖越、朝天四门，因相度形势，尽改向逆水。”这条记载的出处是当时人洪熙揆所撰的《修复台郡形势记》，全文收录于《县志》卷二《形胜》中。洪氏在记中还对改动的理由有所说明：台州“自宋及明，理学、文章、政事之士，先后相望，声名文物，骎骎乎冠两浙矣。万历戊戌间，为忌者所惑，铲削地灵，纷更成制，堪舆每以为病，百年来人文不振，井里萧条，固其宜也……康熙壬辰岁，觉庵张公（即台州知府张联元）以郢中名进士由铨部来守是邦……戊戌夏，遂相率请曰：‘郡城乃唐李台史奉诏相度，阛皆逆水，以受山川进气，今顺水而辟，非旧制也，是宜改’。”洪氏在《记》中告诉我们，靖越、兴善、镇宁三瓮城城门本来向东而开，朝天门向南而开，都呈顺水开设，不能“受山川进气”，只有改向逆水，台州的风水才能改变。至于重开丰泰门，则是因为：“丰泰一门，昔居申位，用以收长生之水，迎括苍之潮，可任其堙塞也？是宜启。”到了清代晚期（最迟宣统三年客轮码头形成），人们大概为了交通的便利，便将兴善门瓮城门顺逆俱开。靖越、镇宁、朝天三门顺水一面均系1998年重开。

◎张联元筑瓮城：清康熙五十一年（1712），为增强古城的军事防御和城市防洪能力，台州知府张联元筑沿江四门瓮城。四瓮城至今保存完好。

雍正七年（1729）正月，浙江总督李卫奉上谕兴修台州城，台州知府江承玠“确勘鸠工，极其巩固。”

道光元年（1821）或二年，临海知县萧元桂亦加修葺。关于萧元桂修城之事，民国《临海县志》卷五《建置》称：“嘉庆间，邑令萧元桂增筑之。”然据台州府城西门瓮城门所题“朝天门”额，上款为“道光壬午吉旦”，下款署“临海县萧元桂重修”，壬午为道光二年（1822），则修城的时间应在此前不久。又据民国《临海县志》卷十六《政绩》载：“萧元桂，号镜岩，福建建阳进士。嘉庆十六年（1811）知县事（按《县志》卷十四《官师二》作嘉庆十七年任，误），存心宽厚，振兴文教，每月进生童而课之，亲为讲解，创社仓，修城郭，浚渠沟，莅治十二年，善政最多。”是知萧自嘉庆十六年来任，至道光二年离任（道光二年接任者为翟凝），适计十二年，萧既自署“道光壬午”（即道光二年），则修城当在道光元年或二年之间。《县志·建置》称其“嘉庆间……增筑之”，则是因为萧任临海知县的时间，属于嘉庆者有十年，而属于道光的仅二年，笼统而言，萧氏修城的时间也就算作“嘉庆间”了。而后至道光二十年（1840），乡绅侯服亦曾捐资重修城墙。咸丰八年（1858），台州知府吴端甫以“丰泰门当寂寞之地”，又重塞丰泰门。咸丰十一年（1861），太平军入台，毁坏城上所有门楼。同治四年（1865），郡守刘璈次第为之修复。光绪二十年（1894），中日甲午海战发生，台州知府赵亮熙、临海知县吴鸿宾“奉上谕防守海疆……拨帑修筑，重新城楼”[20]。

降及近代，冷兵器时代逐渐远去，城之军事功能日失，绝大多数的古城墙都在人为或自然的因素中不断消失，台州府城墙也不能绝对幸免。民国初年，邑人潘炯章取城上铺面石板移铺于城内东门后街、西大街、紫阳街等主要街面[21]。民国23年（1934）临海至新昌公路建成，车站即设在城内天宁寺旁，因交通的关系，在东面城墙开缺建门，称望华门，位置即现在巾山路与大桥路的交汇处。民国24年，台州专署专员兼临海县长庞镜塘又取城上石板将原老街铺设的单块石板加铺为三块石板[22]。1937年，抗战爆发，为避免和减少日机轰炸造成民众伤亡，便于向城外疏散，东城墙挖开三个缺口，北城墙挖开一个缺口，其位置是：东城墙分别开在东门后街街口、今军体路路口、北山路路口；北城墙在台州府城隍庙西侧[23]。

1956年1月6日，部分百姓在北固山东段百步峻一带拆取城砖，1月14日、15日，在建造东湖烈士墓过程中继续被拆，先后拆除城墙近百米[24]。

1958年，东面城墙全部被拆，崇和门于是年11月拆毁，城砖作为兴建炼钢的小高炉之用，东城墙沿线随之改造成道路——即今之东湖路与大桥路[25]。北固山城墙亦在自然风雨的侵蚀中逐渐毁圮。所幸者，滨江城墙因仍发挥着城市防洪功能的重要作用，得以较好保存。

1983 年 4 月 15 日，临海县人民政府公布台州府城墙为县级文物保护单位[26]。

1984 年，因建造望江门大桥与城市交通的需要，于巾山西路西端开城建门，门称望江门。

1992 年 7 月，开始修复沿江城墙垛口。

1995 年 7 月，因埋设城市排污管道及交通需要，于兴善门西侧建成门洞通道一个。

1995 年 8 月 25 日，临海市政府在人民大会堂举行"临海建设名城，修复古城墙动员大会"，会上号召市民"我为名城献一砖，万民修复古城墙"。同年 11 月 8 日，北固山西段修复工程正式开工。次年 12 月 8 日，北固山东段城墙开始修复。

1997 年 8 月 29 日，台州府城墙被列为第四批浙江省重点文物保护单位。

1999 年 12 月，临海城建部门对城墙进行了全面实测，实测数据为：城墙总长 6286.63 米，其中已修者 4671.63 米，未修者 1615 米（包括东南角灵江大桥以东旧城 60 米）。

2001 年 6 月 25 日，国务院公布台州府城墙为第五批全国重点文物保护单位。

注：

[1] 见宋林表民辑《赤城集》卷一。

[2] 详《宋史·太宗本纪》。

[3] 宋陈耆卿纂《嘉定赤城志》卷二。又元绛之《台州杂记》述之尤详。

[4]、[5]、[9]《嘉定赤城志》卷二。

[6]、[7]、[13]、[14]、[19]、[20] 民国《临海县志》卷五《建置》。

[8] 见宋林表民辑《赤城集》卷一宋吕祖谦《台州重修城记》。

[10] 详宋林表民辑《赤城集》卷十宋王象祖《浙东提举叶侯生祠记》与卷一《重修子城记》。

[11] 明李时渐辑《三台文献录》卷四。

[12] 详明李时渐辑《三台文献录》卷四元周润祖《重修捍城江岸记》。

[15] 参见明戚祚国等汇纂之《戚少保年谱耆编》卷二及台州方志。

[16] 详民国《台州府志》卷五十《建置略一》。

[17] 详民国《临海县志》卷五《建置》引兵备道胡文烨自撰之《修城记》。

[18] 民国《台州府志》卷九十八《名宦传下》。

[21]、[22] 参见 2007 年编印之《临海市交通志》与丁伋先生回忆。

[23] 丁伋先生回忆。

[24] 项士元《东湖日记》1956 年 1 月 6 日、14 日、15 日。

[25] 项士元《东湖日记》1958 年 11 月 16 日及丁伋先生回忆。

[26] 台州府城墙"四有"档案，下同。

台州府城墙的特色与价值

台州府城是唐代初年筑造的一座州城，际江环山，形势险峻，旧志称“周围一十八里”[1]。城的规模不算太大，但却具有极其明显的自身特色和不同寻常的历史价值。大体而言：它不但具有一般古城普遍的军事防御功能，同时又兼负着比军事防御更为重要的城市防洪功能。由于功能的差异，演绎出非常独特的构造手法，诸如“马面”的形制，城门门台的“天窗”，以及加筑捍城和护城等。再则，它是中国筑城史上全面用砖石包砌领先梯队的成员之一，并且最完整地保留着地方城池墙体的历史信息，而最值得当地人自豪和骄傲的，还在于它是明长城的“师范”和“蓝本”。

一、兼具军事防御与城市防洪的双重功能

台州建置于唐武德四年(621)，所以一般人都认为，临海作为台州的政治、军事中心，也肇始于唐初。其实并非如此。台州的前身为临海郡，临海郡建置于吴太平二年(257)。对于临海郡郡治所在，主要有两种说法，一是据宋陈耆卿《嘉定赤城志》卷一《地里门一·叙州》云：“以会稽东部立临海郡，治临海……寻徙治章安。”二是清代台州著名学者洪颐煊在其所著的《台州札记·临海郡治》中认为，自吴太平二年（257）开始，及其后的晋、宋、齐、梁，治所一直都在章安。孰是孰非，我们姑且暂不讨论。因为即使六朝时期的临海郡治一直在章安，台州的政治、军事中心移至临海也绝非是在唐武德四年（621）。《嘉定赤城志》卷一《地里门·叙州》有这样一段叙述：“隋开皇九年(589)，平陈，郡废，复为临海县，属永嘉郡……十一年，置临海镇于大固山，移其县于镇。”又民国《台州府志》卷三《沿革表》云：“《元和郡县志》：‘废郡为临海县。’案：是时诸县并省入，临海兼有今一府地。”由此可知，开皇九年（589）隋灭陈以后，撤销了临海郡，临海郡辖下的章安、始平(即今天台)、乐安(即今仙居)、宁海四县也统统并入了临海县，当时的临海县也就相当于以前的临海郡。开皇十一年（591），相当于原临海郡的临海县县治移到了临海的大固山。由此而言，临海作为台州政治、军事中心的上限最迟应在隋开皇十一年（591）。

将台州的政治、军事中心从章安移至临海，主要基于全局形势和军事地理方面的考虑。在两汉至六朝时期，瓯、闽、两广一带长期处于部落、山民自治阶段，回浦县、章安县以及后来的临海郡，一直都是朝廷南控的前沿要地，治所设在地处台州湾出海口的章安，军事行动十分便利，兼以当时条件优越的章安港也的确是各个朝代针对南方的军事中转要港。然而，自南朝以来，南控的要素逐渐退化，相反，地方政府受到其他势力侵扰的趋势不断上升，章安城又无险可守，诸如东晋末年孙恩率领的起义军

◎郑成功、张煌言台州会师：郑成功与张煌言都是明末抗清的重要人物，从顺治十二年（1655）开始，郑、张联合，曾三次攻入台州腹地，一度控制台州全境。

从海上攻破章安，一直追击到临海大固山就是最明显的例证。相比之下，临海的军事地理十分优越，这里北面环山，西南际江，仅仅东面地势较为平坦，易守难攻，又地处台州地域中心，在台州区域内，应该是最为理想的州治所在。诚如宋陈耆卿所云："以今城垒，骋目而望，据大固山，界天台、括苍间，巾峰对峙、如入几席；仙居、天台二水别流至三江口而合；萦纡演迤，环拱其郛，岩光川容，吞吐掩映于烟云缥缈之际，真足以尊城社，表宅里，聚廛市，以雄跨一方矣"[2]。我国人文地理学开山——明临海人王士性亦云："（两浙）十一郡城池，惟吾台最据险，西南二面临大江，西北巉岩插天，虽鸟道亦无，止东南面平夷，又有大湖深濠，故不易攻"[3]。

从民国《台州府志·大事记》的记载来看，自唐武德四年（621）州城建造以来直至清代的冷

◎ 郑成功在台州时留下的铁炮“大将军”

兵器时期，围绕着台州城共发生过十五次军事战争。其中唐代四次，第一次是宝应元年（762），袁晁"陷台州"。第二次是乾符四年（877）浙西突陈将王郢"攻台州，陷之"。第三次是中和元年（881）杜雄、刘文"陷台州"。第四次是乾宁四年（897）钱镠"陷台州"。宝应元年袁晁之攻台州，据《旧唐书·王栖曜传》载云："草贼袁晁起乱台州，连结郡县，积众二十万，尽有浙江之地。"从行文来看，这位身为台州人的袁晁，很可能与州县有所勾结，故而未必强攻而入。其余三次俱寥寥数语，难得其详。唐代台州容易攻破的主要原因，估计还是东面平夷无险之故，当然也不排除兵力多寡等因素。但自北宋熙宁四年（1071）东城墙移筑于东湖以内之后，整个城防已完全改观，在其后的十一次战争中，外军入城者共五次，一是宋德祐二年（1276）元灭宋之战，二是元至正十四年（1354）方国珍攻台之役，三是元至正二十七年（1367）明军统一群雄之战，四是清顺治十四年（1657）郑成功入台，五是咸丰十一年（1861）太平军入台。第一次发生在改朝换代之际，又是在南宋朝廷已经投降的情况下攻入的；第二次是方国珍久攻不入，后来有当地九位渔民夜开城门引入的；第三次明军尚未进攻，守城者方国珍之弟方国瑛早已自遁；第四次则是台州协镇副将马信从内部起事，诱挟城内官员投郑后而入城的；第五次亦是在太平军入城之前，驻守官员早已闻风逃遁后陷失的。这五次失守仅仅元灭宋之役稍有战事，而余四次并未发生真正意义上的争战。此外，发生在台州城的六次攻守战争，均以攻方失败而告终。这六次战争分别是：北宋宣和三年（1121），仙居人吕师囊响应方腊起义，三攻台城，屡攻屡却，最终为司户滕膺所败。元至正十三年（1353），方国珍攻郡城，为浙东元帅也忒迷失等击败之。明嘉靖三十六年（1557），倭寇突攻台州，浙江佥事李三畏、台州知府谭纶合力抗击，大败之。次年，倭又数万薄城，不克而遁。嘉靖四十年（1561），倭寇两犯郡城，皆为戚继光所败。清康熙十三年（1674），三藩之一的耿精忠以曾养性为先锋，大举进攻台州城，清军据城对垒，相持了一年九个月，最终还是耿部全线败归。

毋庸置疑，台州府城在浙江的城防史上有着相当重要位置，台州府城墙的军事防御功能也是非常突出的。

台州府城墙不但具有很重要的军事防御功能，同时它还兼负着比之更为重要的城市防洪功能。

在临海境内，有一条由西北斜贯东南的大江，叫灵江。灵江在上游——临海城西北 6.7 公里处的三江村分为两支大溪：一为永安溪，发源于仙居与缙云交界之水湖岗西北麓底寮坑上游海拔 950 米处，经仙居县汇于三江，全长 144 公里。另一支为始丰溪，发源于磐安大盘山主峰南麓海拔 1130 米处，经天台县至三江村汇合，全长 128.9 公里。两溪汇合后称灵江，直冲古城西门，然后绕城往东南流去。至城东南约 3 公里处，东南大田港（俗称"百廿里倒流水"）、西南义城港二水相向注入（旧时义城港之水在大田港上游先入灵江，1974 年改道由此注入）。自此至三港口

◎历朝历代，台州府城墙一直肩负着极其重要的城市防洪功能

◎台州府城墙至今依然肩负着十分重要的城市防洪功能

◎ 滨江而筑的西南城墙之一

◎滨江而筑的西南城墙之二

◎滨江而筑的西南城墙之三

又有黄岩之永宁江注入，然后经椒江由台州湾出海，全长 64.9 公里。江水成灾的主要原因有二：一是上游天台、仙居两县之水集于一江，中又注入大田港、义城港之水；二是东海潮水回涨，潮位到上游的三江村方止。以故一旦夏秋季节天台、仙居、临海三邑出现暴雨，兼以东海大潮倒灌，上下之水交汇，促不得泄，在这样的形势下，临海城就必然成了一片汪洋。

临海城的背面紧靠大固山（又称北固山，古称龙顾山），大固山后众山横贯；临海城的前面——灵江以南同样诸山环绕，连绵相续。临海城几乎处在南北众山的夹缝之中，没有多少开阔地带。四面诸水，汇聚于此，一旦城破，便成“水国”。

关于历史上的水灾，我们引录民国《台州府志·大事略》中的记述以见其概：

北宋庆历五年（1045）六月，“大水坏郛郭，杀人数千（一说“杀人万余”）。”

北宋至和元年（1054），“大水，城不没者数尺。”

北宋嘉祐六年（1061），“大水，城复坏”，南城多毁。

北宋政和二年（1112），“大水坏城，淹死者无数。”

南宋淳熙三年（1176）八月，“海涛溪流合激为大水，决江岸，坏民庐，溺死者甚众。”

南宋绍定二年（1229）九月，“天台、仙居水自西来，海自南溢，俱会于城下，防者不戒，袭朝天门，大翻括苍门城以入，杂决崇和门侧城而出，平地高丈有七尺，死人民逾二万，凡物之蔽江塞港入于海者三日。”

南宋淳祐十二年（1252）六月，“大水冒城郭，漂室庐，死者以数万。”

明嘉靖五年（1526）八月，“大水，郡西城陷下尺余，漂坏田庐，死者甚众。”

明隆庆二年（1568）七月，大水“入城三日，溺死三万余人，坏室庐五万区。”此次洪水，冲毁西、南二门，“民各上屋脊，敲椽拆瓦，号泣之声彻城，死者无算，旧传仅留十八家。”

清顺治十五年（1658）秋，“大水决郡西城，人多淹死。”

清康熙七年（1668）四月，“飓风骤雨，山崩城坏。”

清康熙三十八年（1699）八月，“大水溢城，平地高丈余，害禾稼，坏公廨民舍无算，案牍尽没，溺死者众。”

以上所示，仅仅诸志记述详明与古城有关的几次大灾，恐怕尚难全面反映历史的真实情况。这是因为，旧志记述的本身就不一定全面，如南宋淳祐十二年（1252）至明嘉靖五年（1526）的近三百年时间内，不可能没有发生大的水灾，当属文献缺佚所致。即就这些不全面的记述而言，它所反映的洪灾次数比上述录示不止要多三数倍。如同书还载：南宋乾道五年（1169），台州“凡三大风雨，漂民庐，坏田稼，人畜溺死者甚众，黄岩县为甚。”绍熙三年（1192）七月，“天台、仙居二县大雨连旬，大水连夕，漂浸民居五百六十余。”庆元元年（1195）六月，“台州及属县

◎滨江城门设置的防洪闸槽

◎滨江半方半弧之马面之一

大风雨，山洪海涛并作，漂浸田庐无算，死者蔽川，漂沉旬日。”次年六月，“台州猋风暴雨连夕，驾海潮，坏田庐。”开禧二年（1206）七月，“大风雨，驾海潮，坏屋杀人。”嘉定二年（1209）七月，“大风雨，激海涛，漂圮二千二百八十余家，溺死尤众。”宝庆二年（1227）九月，“大水坏屋，人多溺死。”这些记载应该说都可能与临海城有关，只是没有明确出现“入城”、“毁城”等字眼，故不以为据。

洪水与古城，千百年来就是如此的难解难分。城墙在城市防洪中的重要地位也就不言而喻了。无怪元代学人周润祖在《重修捍城江岸记》中就曾明确地告诫人们：“台固水国，倚城以为命。”特大洪灾频发不断，这给城内居民所造成的物质损失是非常惨重的，心灵上的创伤也是很难抹掉的，于是就有人提出迁城以避患的主张。这种观点的代表人物是南宋绍定（1228～1233）间任台州通判的陈观，他为此专门写过一篇《筑城议》，说：“赤城（台州城的别称）置城巾山之麓，背负大固山，天台、仙居二水并流直冲城下，如御巨寇。庆历间尝一大圮，杀人万余，不仁哉！”继而进一步论述道：“自古城邑，或圮于水，但闻迁居以避患，不闻补筑以俟患。”在他看来，只有搬迁，才是解决的根本办法，否则，是“举万民葬之鱼腹”，考虑得远一点，则是“又聚鱼腹之遗子以传子孙，以传今日之祸”。[4]

当然，陈观的主张并没有被人们所接受，凡土生土长之人，几乎没有一个人支持他的。说句实在话，举城搬迁谈何容易，能得形胜俱佳者尤难。所以，人们所采取的还是积极补筑的办法，年复一年，加高加厚，堵漏补缺。

在不断的修筑中，人们愈来愈认识到城墙在城市防洪中的重要作用。不断的实践，也使城墙的构建形制愈来愈适应这一功能。

二、独特的构造手法

1. 独一无二的“马面”建筑

“马面” 又称墙台，或称平台，也有称作城垛的。狭义而言，似乎应该指突出于城墙墙体的台面部分。广义而言，则可包括整个墙台。马面，主要是为了扩大防守幅度，便于守城者用弓箭侧射敌方，增强防守功能。

台州府城的马面设于何时，文献没有记载，我们目前已无法得知。但从戚继光之子戚祚国等编纂的《戚少保年谱耆编》所述明嘉靖四十年（1561）兴建敌台的情况来看，台州府城墙的马面不会迟于明嘉靖以后。我国历史上马面的建造，在宋代已比较普遍，推测台州府城墙马面的始建时间，也很有可能肇始于宋代。

台州府城墙的马面，如同通常的马面一样，建造的本意当然是为强化军事防御功能，故而大

◎滨江半方半弧之马面之二

◎滨江半方半弧之马面之三

部分马面在形制上也与常见的没有什么两样。不过，由于台州府城墙西南二面濒临浙江第三条大河灵江，自古以来，洪水频发，给当地居民造成了深重的灾难，或遇暴雨大潮，当地居民为之不寒而慄。诚如元代邑人周润祖所云：“台固水国，倚城以为命”[5]。故而，防洪也就几乎成了居住在台州城内士民的头等大事。台州府城墙自然而然也就比其他古城多了一项功能——城市防洪功能。

灵江的江水，自三江直冲西门（朝天门），然后随着城墙南绕，故而自西门至小南门（镇宁门）这一段 788 米呈弧状的城墙，在洪水到来时都直接受到波涛的冲击，倘若这一段城墙的马面仍按常规构建，恐怕很难抵御洪锋冲刷，随时都有倒圮的危险。在长期的实践中，台州地方行政长官和当地军民对马面的形制不断加以改进，即将马面迎水一面砌筑成弧形或斜形，这样也就大幅度降低了对江水的冲阻力，同样也就大大提高了马面自身的安全系数。

现从镇宁门西侧的第一个马面开始，分述如下：第一个在镇宁门西面 153.75 米（从城门台体上部西端起，至马面正中止。以下测点均以马面正中计算），马面外凸 6.16 米，外端面宽 4.20 米，

◎滨江半方半弧之马面之四

内宽（即接城处）7.50米，迎水一面呈弧形。第二个与第一个相距223.50米，内宽9.00米，外凸6.40米，外端面宽6.60米，迎水面成斜面。第三个相距178.15米，内宽3.40米，外凸4.60米，外端面与迎水面合呈弧形。第四个相距56.30米，内宽5.20米，外凸4.40米，外端面与迎水面同前。第五个相距74.80米，内宽6.40米，外凸6.10米，外端面宽4.40米，迎水面方向呈斜面。第六个相距101.68米，内宽7.60米，外凸顺水方向8.20米，迎水方向6.45米，外端亦成斜面，斜面宽6.70米，这一马面的形式与前五个稍异，即它的外端面与迎水面均做成斜面，出现了两个斜面。

这种半方半弧或半方半斜的马面形制，在全国绝无仅有。对此，多次到过临海的古建筑学与长城学权威罗哲文先生有过一段扼要的描述："为了防洪，特意把墙台的迎水一面修筑成半圆弧形，以利水流通顺，保护城墙的安全，可称得上是一个伟大的创举，全国罕见"[6]。由此而言，马面形制这一创举既是我们祖先集体智慧的结晶，也是台州府城墙建筑形制中最为显著的一个特色。

2. 与众不同的门台"天窗"

在我们现在所见到的靖越、兴善、镇宁、朝天四个滨江城门中，门台的中间都有一个透天的长方形空洞，由于这种空洞不具普遍性，故而也就没有确切的专名。为了行文方便，我们姑称之为"天窗"。

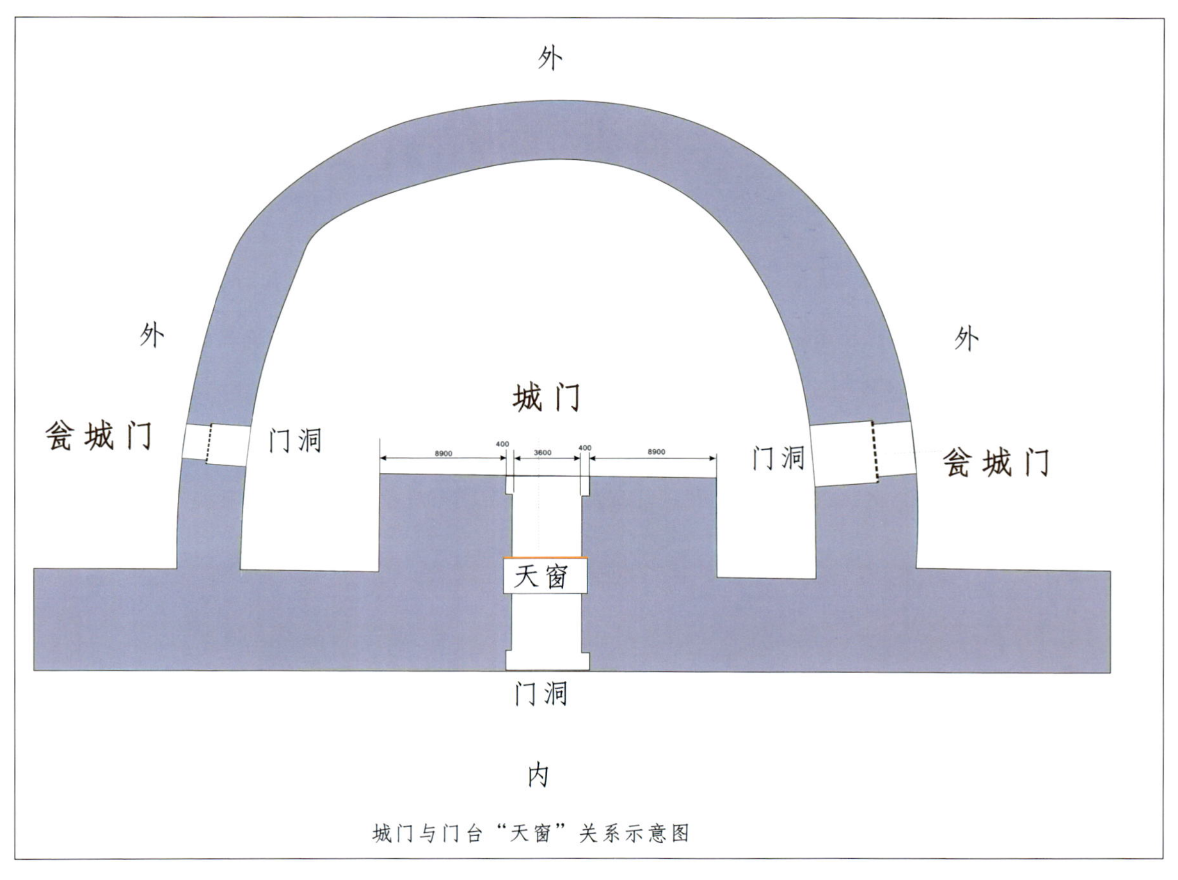

◎城门"天窗"方位示意图

◎城门“天窗”之一

随着台州府城墙影响的日益扩大，城台“天窗”也往往引来不少观众或游客的注目。注目之余，人们又互相猜想这种“天窗”的初始功能。有人以为，开设“天窗”的目的无非是为了加强军事防御：敌方一旦攻入瓮城，直逼主城门，防守者即可投石击敌，阻敌深入。有些人则以为不然，他们觉得，如果台州府城城台“天窗”如同一般古城那样属于军事防御的共性功能，那为何在其他古城墙中很少见到呢？早就听说这里的洪水非常厉害，它会不会与防洪有关呢？细加分析，我们觉得还是

◎城门“天窗”之一

◎城门“天窗”之三

◎城门“天窗”之四

后一种说法比较科学。

说“天窗”不属于军事防御功能，最浅显的道理是：在敌方攻城时，若敌强我弱，守城一方必然首先关闭瓮城门，瓮城若破，随即关闭主城门，主城门关闭后，“天窗”的位置已处于城门之内，砸石之举，适砸己方。倘若守方有意诱敌进入瓮城，然后将敌歼击于瓮城之内，或实施“瓮中捉鳖”，这无疑同样需要关闭城门。这时的“天窗”也依然起不到投石击敌的作用。可以直接释疑的是，现西门（朝天门）已在原位置恢复了木制城门，大家只要到现场一看便可了然。

产生上述想法，主要立足城门现状加以推理，倘若我们回归历史，就可知道从“天窗”以石击敌之说是无法成立的。在古代，每一个城门之上都建有城楼，台州府城亦然：朝天门上有兴公楼，镇宁门上叫神秀楼，兴善门上为超然楼，靖越门上称靖越楼。城楼存在时，这些“天窗”均以木板铺盖，用以避免防守士兵从中跌摔受伤。木板铺盖之后，在视觉上也就无“天窗”之感了。

当地人都知道，台州府城濒临灵江，洪灾不断，在千百年的历史长河中，防洪几乎是城内军民的头等大事。因此之故，台州府城墙的构筑在不少方面都与其他城墙不同，如半方半弧或半方半斜的“马面”，还有露龈造技术的应用，以及加筑捍城和护城等。

主城门的防洪功用，就历史时空而言，要大大超过瓮城门，那是因为，在清康熙五十一年（1712）沿江瓮城筑就之前，主城门一直是城市防洪的直接要冲。在具体构造上，为防止洪水的浸入，木门的高度必须超过门洞的券顶；同时也考虑到平时城门敞开时不缩小门洞空间，不影响行人、车马的出入与物资运输，故将门内两侧作部分外扩，外扩的范围自门臼内延 2.20 米（即以单扇门的宽度计算略超少许），扩深各 0.40 米，扩面自地表一直及于城墙顶面，所以也就形成一个长方形的“天窗”。沿江城门的四个“天窗”长在 4.34 米至 5.10 米之间，宽在 2.20 米至 2.65 米之间。

要解决好高于城门门洞拱券木门的启闭问题，在构造处理上有两种做法：一种是在木门内侧做一道更高的拱券，另一种即是上不封顶，留作“天窗”。前一种做法只能在门的整体较为矮小的情况下进行，如瓮城门即采取这种做法。倘若城门高大，起拱点势必提高，拱券幅度也必然加大，采用拱券做法，券顶也就超越了城墙顶面。无奈之下，也就不得不放弃这种做法。

为了说明问题，现据靖越门再做些数据上的分析：城门门洞总高度为 4.97 米，其中起拱点以下 1.73 米，起拱点以上 3.24 米。木门内侧若依然用拱券做法，则起拱点应在（4.97 米再加木门超高部分 0.40 米许）5.40 米左右处。起拱点以上高度仍按 3.24 米计算（由于内侧有外扩，实际高度当不止此数），两者相加，券顶至少达到 8.26 米，而城墙顶面距地面高度仅 7.00 米，8.26 米减去 7.00 米，尚有 1.26 米超出城墙顶面，进而也就直接影响到城楼的结构。故而可以认定，出现墙台“天窗”实属不得已而为之。

概而言之，这种“天窗”不是用于军事防御功能，从逻辑上推理，如果用于军事防御，出于共性，这种做法就应在其他古城中普遍出现。相反可以断定，这种“天窗”必然与水有关，没有防洪功能或没有水城门的城池也就绝不会产生这样的“天窗”。

3．强化防洪功能的捍城与护城

捍城与护城均属城墙的辅助性建筑，外称捍城，内曰护城。捍城的作用是加固城墙的基础，护城则是助加墙体的抗力，两者的功用均为强化城墙的防洪功能。在我国众多的古城墙中，绝大多数的城墙都是没有捍城和护城的。

我们现在所见到的台州府城墙沿江段，距灵江最近的为朝天门，墙体距水岸 34 米，瓮城距水

岸 14 米；最远的是南墙的东端，墙体距水岸达 105 米。整体而言，镇宁门以西至朝天门，大多在 50 米左右；镇宁门至南城墙东端在 90 米到 100 米之间。而在宋元以前，南城墙墙基不少是临水的。

捍城和护城始筑于南宋绍定二年（1229），主其事者乃浙东提举叶棠。加筑捍城的过程大略见之于宋王象祖《重修子城记》中。《记》云："大城水潦每降，江潮互凝，舂撞无时，倾圮有自，

◎ 滨江城墙捍城之一

不远其防，曷善其后，于是为长堤一千四百丈以捍城足。”又云：“涉江之西有盘石，潮汐上下，翻涛攻捣，长堤复虑其难恃，及撒桩于江，深踰二丈。累石于桩，结成三叠，复以捍堤”[7]。又，王象祖在《浙东提举叶侯生祠记》中叙述：“患江之齧，外为长堤，以护城足。患水之冲，内为高台，以助城力”[8]。此之长堤，即后来所谓之捍城，而所称之高台，应即护城之滥觞。文中告诉我们，叶棠在加筑捍城的同时，又在捍城外侧的江水中布桩加固，再在各桩之间累砌块石，用以保护捍城。工程之精良，可见一斑。那么，文中所述之“长堤一千四百丈”到底有多长呢？我们不妨略加换算。先看王象祖《重修子城记》中的记述：“大城东、西、南三面为丈二千四百有奇，州后北山城为丈九百有奇”，合起来应该是三千三百丈多些。据 1999 年 12 月临海城建部门实测的数据是 6286.63 米（其中北城墙长 2300 米许，东城墙 1615 米，沿江城墙 2370 米），以丈计米，一丈约 1.90 米，则一千四百丈捍城约相当于 2660 米，这个数字已超过了现在实测的 2370 米（灵江大桥以东的 60 米南城旧墙实测时算入东城未修数内，若加还给沿江城墙，应作 2430 米）。由此看来，绍定二年（1229）累筑的捍城已经包括了西南沿江城墙的全部，达 2430 余米。这在最近由浙江省考古所主持的于南城东端实施的考古勘探中也可得到应证。自此至封建社会结束，捍城和护城到底修了多少次，历史文献没有太多的记录，所知者仅仅是元至正九年（1349）台州路行政长官曾对捍城做过一次大修。这一次修城，时人周润祖撰有《重修捍城江岸记》以记其事：“城距今滋久，堤且勿固，岁以官令理之，令颇无远画，朝作夕圮，民用大戚。至正九年，圣天子嘉惠元元，易树贤守监，达鲁花赤僧住，总管月鲁花帖木儿，特被天眷，同牧是邦。既上郡，巡视所守，因相语曰：‘台固水国，倚城以为命。勿治，如民人社稷何？’亟选善办事者六人，授以方画……六人者乐于趋事，若裕父蛊。辇石高山，取灰于越。外联大木，筑之抵坚，以壮其趾；内积巨石，累之极深，以果其腹……延袤崇广，周固坚缜，

◎滨江城墙捍城之二

◎ 滨江城墙捍城之三（左）

◎ 滨江城墙捍城之四（上）

视昔倍蓰焉”[9]。工程一直到次年五月告竣。这一次大修捍城，外以大木为桩，桩之内垒以巨石，整个工程应该说相当浩大。

从这一次考古勘探的情况看，捍城两个层次十分明显，由此可知，历史上筑修捍城亦仅两次。

从防洪角度而言，捍城与护城的功能作用是极其明显的，而加筑捍城、护城，也是台州府城特殊地理环境所使然。上述情况告诉我们，台州府城墙沿江段在宋代以前应该都是濒水的，捍城和护城的加筑，同样是当地人民在抵御自然灾害中实践智慧的结晶。

三、现存最早采用砖石全面包砌技术的古城墙

台州府城墙，始建于东晋安帝元兴元年（402）。《辞海》“临海”条称：“临海旧城相传为辛景抵御孙恩所筑。”《辞源》也载：“东晋时，郡守辛景于临海北大固山筑子城以拒孙恩。”查《晋书·安帝纪》，元兴元年三月，“临海太守辛景击孙恩，斩之。”而《资治通鉴·晋纪三十四》则记得详细一些：元兴元年（402）三月，“孙恩寇临海，临海太守辛景击破之……恩恐为官军所获，乃赴海死”。而本地方志亦多有记载，如《嘉定赤城志·山水门一》载：“大固山，一名龙顾山……孙恩为寇，刺史辛景于此凿堑守之，恩不能犯，遂以大固、小固名山。”[1]根据上述的文献，可以得出结论：临海郡太守辛景为抗击孙恩义军，于元兴元年三月（或稍早）在龙顾山筑城，并依托此城击败孙恩。

台州府城墙，扩建于唐高祖武德四年（621），由原来的依山而筑，增扩为北沿大固山巅，西南两面濒灵江的布局。而灵江系浙江第三大河，每逢夏秋，台风暴雨来临之后，始丰溪、永安溪并流后的洪水，自西而下，汹涌咆哮直冲西门，尔后绕城东去，元人周润祖在《重修捍城江岸记》中就曾引用“台固水国，倚城以为命”[2]之语，因此城墙兼具军事防御和城市防洪的双重功能。

北宋仁宗庆历五年（1045）六月，台风、暴雨、海潮成灾，洪水冲毁了西南两面的多处城墙，周润祖的《重修捍城江岸记》载：“城决西南隅，水石尽东去，民半入鱼腹。”[3]庆历六年知台州的元绛在《台州杂记》中记载：“山泐海溢，踰城，杀人万余，漂室庐几半，州既残毁。”[4]而时任临海从事的苏梦龄在《台州新城记》中记载：“官寺民室，仓帑财积，一朝扫地，化为涂泥。后数日，郡吏乃始得其遗氓于山谷间，第皆相向号哭，而莫知其所措。”“问其食，则糠核而臭腐焉；问其衣，则蓝缕而颠倒焉；问其居，则草茇而渐洳焉。横尸塞于衢，穷盗充于郊。”[5]此事震惊了朝廷，朝廷遣太常博士彭思永至台督修，聚台州各县之力，历三旬而修复城墙。《台州新城记》对此作了详细记载：“于是始议城之……非择贤则莫可，遂请以太常博士监新定郡彭思永权守之，

秘书丞定海宰马元康为之贰。已乃量功命日，属役赋丈，分僚职而帅焉。繇西北隅以黄岩令范仲温专掌之，从事赵充参综之；西南隅以临海令李匄专掌之，从事苏梦龄参综之；东南隅以宁海令吴庶几专掌之，从事褚理参综之；东北以临海尉刘初专掌之，决曹魏中参综之。其址凡环数里，而四隅三面壤界相属，惟北面以破山而阙焉。城制虽存，然实巨防也。中以仙居令徐赳专掌之，狱掾宗惟一参综之。又命司逻乔筠、刑昭素、宋世隆迭番讥呵，以警非常……终厥绪，彭侯感厉抚绥，诸大夫各祇所职，役徒忘劳，三旬而成。郡议又曰：'城则信美矣，然万分之一复罹水灾，而激突差久，则惧其或有颓者，不若周之以陶甓，则庶几常无害欤。'外台然而行之，曰：'虽重疲吾民，其利至博也已。'惟黄岩令曰：'陶甓虽固，犹未如石之确也。'乃请兼用石。""新将元侯、通守黄侯，继以循吏之选，怀保捐瘠，而虑忠计远，一方究度，背春涉冬，厥墉甫毕。"[6]查《宋史》，《彭思永传》载："台州大水败城，人多溺，往摄治焉。尽葬死者，作文祭之；民贫不能葺居，为伐木以助之，数月，公私之舍皆具，城筑高于前，而坚亦如之。"[7]《元绛传》载："知台州。州大水冒城，民庐荡折。绛出库钱，即其处作室数千区，命人自占，与期三岁偿费，流移者皆复业。又甓其城，因门为闸，以御湍涨，后人守其法。"[8]同时，元绛在其《台州杂记》中亦记："明年，予来守兹土……乃因新城，出帑金以购材募工，砻石累瓴，环周表里。"[9]故可认定，庆历五年，权知台州彭思永组织台州各县之力，全面修复了被大水冲毁的台州城墙。完工后，大家商量，为使其更加牢固，将夯土墙的两侧全面以砖石包砌。到庆历六年（1046），元绛到任知台州，组织实施了将台州城墙里外的砖石包砌工程。这次因水毁而组织的城墙修复工程，具有里程碑式的意义，使台州府城墙成为国内较早采用砖石全面包砌技术的城墙。

考古证明，大约在距今六七千年前，中国的原始社会就产生了最初的战争，随之也萌生了最早的筑城雏形。如果从原始城堡算起，城池筑城在中国至少已沿用了五千多年（《筑城史话·前言》）。但自夏商周以来，城墙均采用夯土板筑方式进行构建。据《中国军事百科全书》"城墙"条和《中国筑城史》等书所载，砖砌城墙，始于东晋十六国时期的后赵，石虎在建武年间（335～348）将邺城的城墙外面用砖包砌。以后陆续出现在夯土墙外砌砖的事例，但为数尚少。公元480年，南朝齐将建康土城改为砖城；北魏鄂城及隋唐长安城，对城门和城角处包砌砖面，以加强薄弱部位的防御能力；北宋开封城转角和城门口用砖垒砌；隋唐洛阳城的皇城、宫城城墙均内外包砌青砖；唐朝的江夏城和吴越国的苏州城因夯土城土质松散，为加固城墙，亦将土城覆以砖甃。[10]《中国城池史》等书认为，大规模砖砌城墙是明代开始的。

元代蒙古民族入主中原后，为加强统治需要，下令拆毁全国所有的地方城池，而台州府城墙则因肩负着非常重要的防洪功能而得以幸免。元周润祖《重修捍城江岸记》说："皇元大一统，尽堕天下城郭，以示无外。独台城不堕，备水患也。"[11]而其他城市的城墙，大多在这一举国毁城运动中被毁，到了明清，才大量重修。故张驭寰先生在《中国城池史》一书中说："今天，我们所能见的以及所知道的砖砌城墙基本上是明代的。"[12]台州府城墙因防洪功能逃过这个历史厄运，并不断加以保护修缮，成为现存最古老的砖石全面包砌的城墙。

注：

[1] 宋陈耆卿纂《嘉定赤城志》卷十九。

[2]、[3]、[11] 明李时渐辑《三台文献录》卷四元周润祖《重修捍城江岸记》。

[4]、[9] 明谢铎辑《赤城集》卷一宋元绛《台州杂记》。

[5]、[6] 明谢铎辑《赤城集》卷一宋苏梦龄《台州新城记》。

[7] 元脱脱等修《宋史》列传第七十九。

[8] 元脱脱等修《宋史》列传一百二。

[10] 施元龙主编《中国筑城史》。

[12] 张驭寰著《中国城池史》。

四、最完整保留历史信息的地方城池

台州府城墙整体形成于唐初，虽已历经近 1400 年的时间，却较完整地保留着军事古城的历史信息。

在浙江境内，几乎所有古城都曾受到过三次毁城之厄：一次是地方性的，两次是全国性的。

先说第一次，时间是在北宋初期。

在五代时期，台州属于钱氏的吴越国所有，到了北宋开宝八年（975），南唐被灭，南唐后主李煜成了北宋的俘虏。当时除了吴越国以外，北宋已平定了所有的其他势力。鉴于形势，钱氏不得不遣使称臣。《宋史·太宗本纪》载：太平兴国三年（978）四月，吴越国王钱俶惶惶赴京，向宋太宗“乞罢所封吴越国王，及解兵马大元帅……求还，不许。”五月初一，复请“献其两浙诸州”。为了彻底消除宋太宗的疑虑，钱俶又下令将原吴越国（浙江全境及江苏的一部分）境内的城池统统拆毁。民国《临海县志》卷二对此有所记述：“太平兴国三年，吴越归版图，堕其城示不设备，所存惟缭墙。”这次吴越国境内的拆城之举，彻底的程度，一时无从确知，但台州府城墙却是有所保留。文中的“所存惟缭墙”，当指拆毁所有雉堞，而墙体还是得以保留下来。

第二次是在元朝初年。

元灭宋之后，蒙元统治阶级担心部落之间怀有异心，更害怕汉人、“南人”的民族反抗，于是下令拆毁全国所有的地方城池，希冀高枕无忧。这次举国毁城运动，惟台州府城墙例外。元周润祖在《重修捍城江岸记》中叙述道：“皇元大一统，尽堕天下城郭，以示无外。独台城不堕，备水患也”[10]。

第三次是随着冷兵器时代的消失，古城的军事功能也日趋消失，毁城之举，势所必然。而台州府城墙由于兼负着极其重要的防洪功能，才先后逃过一个又一个的历史“厄运”，才一直受到当地居民的精心呵护，也才完整地保留着历史传递的信息。

1984 年 3 月，因连接新建的望江门大桥，城墙被挖开一个缺口，笔者当时曾予现场记录，略述如下：

一、城墙夯土分成上下两大部分，上端为黄土层，下端为褐灰土，在二者之间，有一层约 20 ~ 30 公分的紫红土层。上端表皮为黑土层。其中以下层的褐灰土最为坚实。捍城外部为黑土层，内部为紫红土层。

二、历朝历代，对城墙不断整修，不断加高加厚，层次分明。加宽加厚，均加在城墙内侧。

三、墙体外部的城砖大，城墙内部的城砖小。所见宋代城砖，素面，捡得实物标本两块，一长 31.6 厘米，宽 11.0 厘米，厚 5.1 厘米；一长 33.7 厘米，宽 17.7 厘米，厚 5.7 厘米，后者应迟些。

外部城砖有“三十三都”、“黄岩三十三都”、“杨砂溪”、“朱氏”等铭文，属明代城砖，长在35.7厘米到41.2厘米之间，宽17.7厘米到20.5厘米之间，厚7.0厘米到9.0厘米之间。另市民送交清代城砖一块，砖两侧均有铭文，一侧为“台州府城砖”，另一侧为“同治十年十一月造”，规格为长33.6厘米，宽16.2厘米，厚9.2厘米。以上城砖均陈列在古城博物馆。

四、当时从城墙内部捡得古钱币三枚，分别是“元祐通宝”、“元符通宝”、“绍熙元宝”。三枚钱币亦陈列在古城博物馆。

1995年7月，因埋设城市排污管道和交通需要，临海城市建设部门在兴善门西侧切开一个缺口，经现场考察，在缺口内侧的地表以下2.5米深处，尚见石门槛一块。

◎1995年因埋设城市排污管道切开城墙之截口

◎台州府城墙各个时期之城砖

台州府城墙西南段（望江门）截口现场记录示意图1984年3月

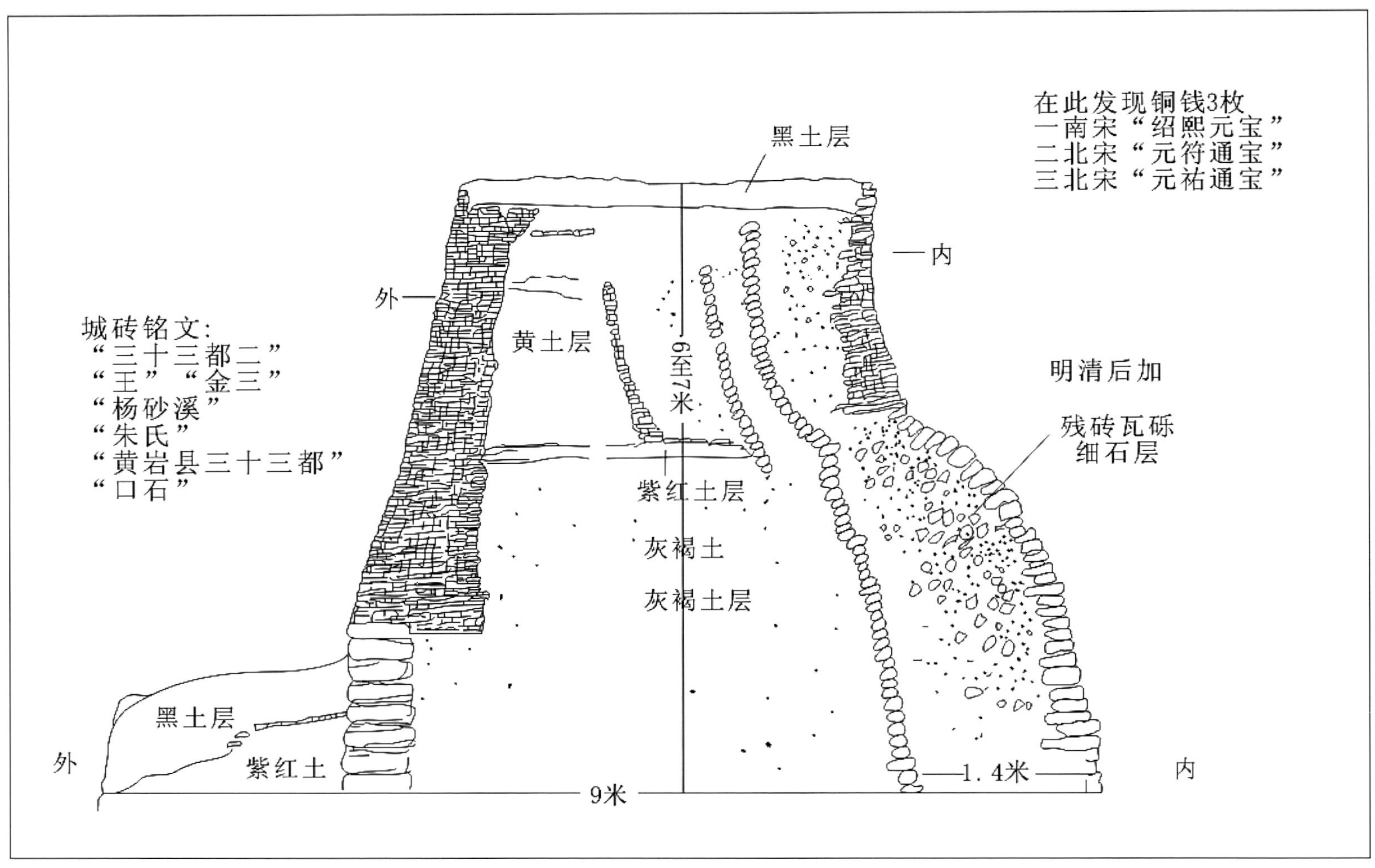

2011年5月考古勘察时，所得捍城城砖的规格为长34.0厘米，宽18.0厘米，厚6.0～6.5厘米。又，在宋代城芯中，发现有东汉弦纹罐、三国两晋时的墓砖、斜格纹带碗、三足洗以及唐代莲瓣纹瓦当、玉璧底碗等。

结合文献和现场考察，我们可以了解到以下信息：

一、北宋庆历五年（1045）的大规模修城之举，文献明确记载聚台州各县之力而为之，加上实物所见明代的城砖仍有“黄岩县三十三都”等字样，估计台州府城墙的历次大修，大多数都有台州各邑的参与。

二、从发现的三枚宋代铜钱看，元代拆城的确没有影响到台州府城墙，而城墙内部清晰分明的夯土层，更是说明了台州府城墙历史信息的完整性。

三、从在地表以下2.5米处发现的石门槛可知，台州府城墙的原始基础约在地表以下3米左右。

四、从在宋代墙体夯土层中发现的东汉、三国器物遗存分析，临海城早在汉六朝时已形成相当规模之聚落，结合文献，可证三国南朝时的临海县治亦设于此。

台州府城墙虽已跨越了唐、宋、元、明、清及民国时期，虽然屡经战火与洪水的洗礼，而今仍以其最真实的修长躯干，为我们台州的历史，也为我们中国的城防史，留下了浓墨重彩的一笔。

注：

[1]、[2] 宋陈耆卿《嘉定赤城志》卷二《城郭》。

[3] 明王士性《广志绎》卷四。

[4]、[7]、[8] 宋林表民辑《赤城集》卷一。

[5] 明李时渐辑《三台文献录》卷四元周润祖《重修捍城江岸记》。

[6] 见 2002 年 9 月浙江人民出版社出版的《历史文化名城临海》一书罗哲文先生序。

[7] 宋林表民辑《赤城集》卷一。

[8] 宋林表民辑《赤城集》卷十。

[9]、[10] 明李时渐辑《三台文献录》卷四。

五、明长城的“师范”和“蓝本”

长城，是我国古代一项伟大的军事防御工程。千百年来，长城更以其雄伟的身影、坚强不屈的性格，而成为中华民族精神的标志和伟大力量的象征。《中国军事百科全书》的“长城筑防体系”条记载：“在中国历史上先后有20多个诸侯国和封建王朝相继构筑、修缮过长城，至今保存仍较完好的长城，是明代修建的。”“敌台是城墙上的主要设施，有实心敌台和空心敌台两种……空心敌台是明代中期蓟镇总兵戚继光戍守长城时创建的”[1]，关于空心敌台，施元龙先生主编的《中国筑城史》和景爱先生所著的《长城》亦均认定是戚继光在主持蓟镇军防时首创。而罗哲文先生的《长城》一书则表述为“是明朝抗击倭寇的名将戚继光所建。”事实上是戚继光早在台州抗倭时创建了空心敌台，到长城大筑空心敌台，正是推广他在台州取得的成功经验。

许多参观游览台州府城墙的同志经常会提一个问题：“你们的城墙为什么与北京长城非常相似？”的确，二者的“形体”太相近了，这是因为这里有一个渊源关系：是历史名将、民族英雄戚继光及其长期的亲密战友谭纶，使台州府城墙与北京一带的明长城之间结下了不解之缘。

“南倭北虏”，即东南沿海一带倭寇的侵扰和北部边境蒙古骑兵的袭扰，是长期困扰明朝廷、危及大明江山社稷的两大祸患。倭寇早在元末就开始侵扰我国东南沿海，到了明嘉靖年间，达到了最为猖獗的时期。倭寇到处烧杀劫掠，给东南沿海人民带来了巨大的灾难，对东南沿海地区的经济造成了极其严重的破坏，台州则是重灾区。而大明王朝，政治黑暗，吏治腐败，海防废弛，部队缺乏战斗力，面对凶狠的倭寇，十战九败，于是倭患愈加严重。

在倭患形势如此严峻的情况下，戚继光与谭纶分别从山东和南京同时调任浙江。戚继光于嘉靖三十四年（1555）七月任浙江都司佥书，三十五年七月任宁绍台参将，三十九年二月转任台金严参将，四十一年十二月升为分守台、温、福、兴、福宁等处副总兵，四十二年十月升任福建总兵，镇守福建全省及浙江金、温两府。戚继光防守台州，抗击倭寇七年余。谭纶于嘉靖三十四年八月任台州知府，三十七年闰七月升浙江海道副使，治兵宁波，四十年三月，丁忧回江西宜黄县。

在台州，戚继光与谭纶成为亲密的朋友，结下了深厚友谊。在台州，谭纶修城浚壕，练兵训卒，抗击倭寇，保卫六县，完成了文官向军事家的过渡。在台州，戚继光真正开始了他一生辉煌的军事历程，他修城墙，造战船，整顿卫所，招募勇士；就地取材发明狼筅，充分发挥火器威力，创“鸳鸯阵”和“一头两翼一尾阵”；撰写《纪效新书》，以此为教材，亲自训练了一支守纪律、听指挥、勇敢善战的精锐之师——戚家军。台州的杨文（临海大汾人）、张元勋（太平新河人）、李超（太平松门人）随戚继光南征北战都累功至总兵。

戚继光军事思想最突出的一条是攻守结合，既强调练兵，建立威武之师，又重视防御工程的建设。戚继光和谭纶防守台州时，都把加固城防作为重点，以提高防御能力。

◎戚继光台州抗倭：戚继光于嘉靖三十五年（1556）七月任宁绍台参将，三十九年（1560）二月转台金严参将，在台州抗倭达八年，建立了威名远扬的戚家军，取得了抗倭的全面胜利。期间，戚继光曾指挥了台州府城墙的修缮，并创建了空心敌台。

◎江南八达岭 魏魏临海城

◎ 台州府城墙

◎ 明长城

◎戚继光嘉靖三十八年创建的桃渚城敌台台基

◎戚继光在北方明长城建造的敌台示意图

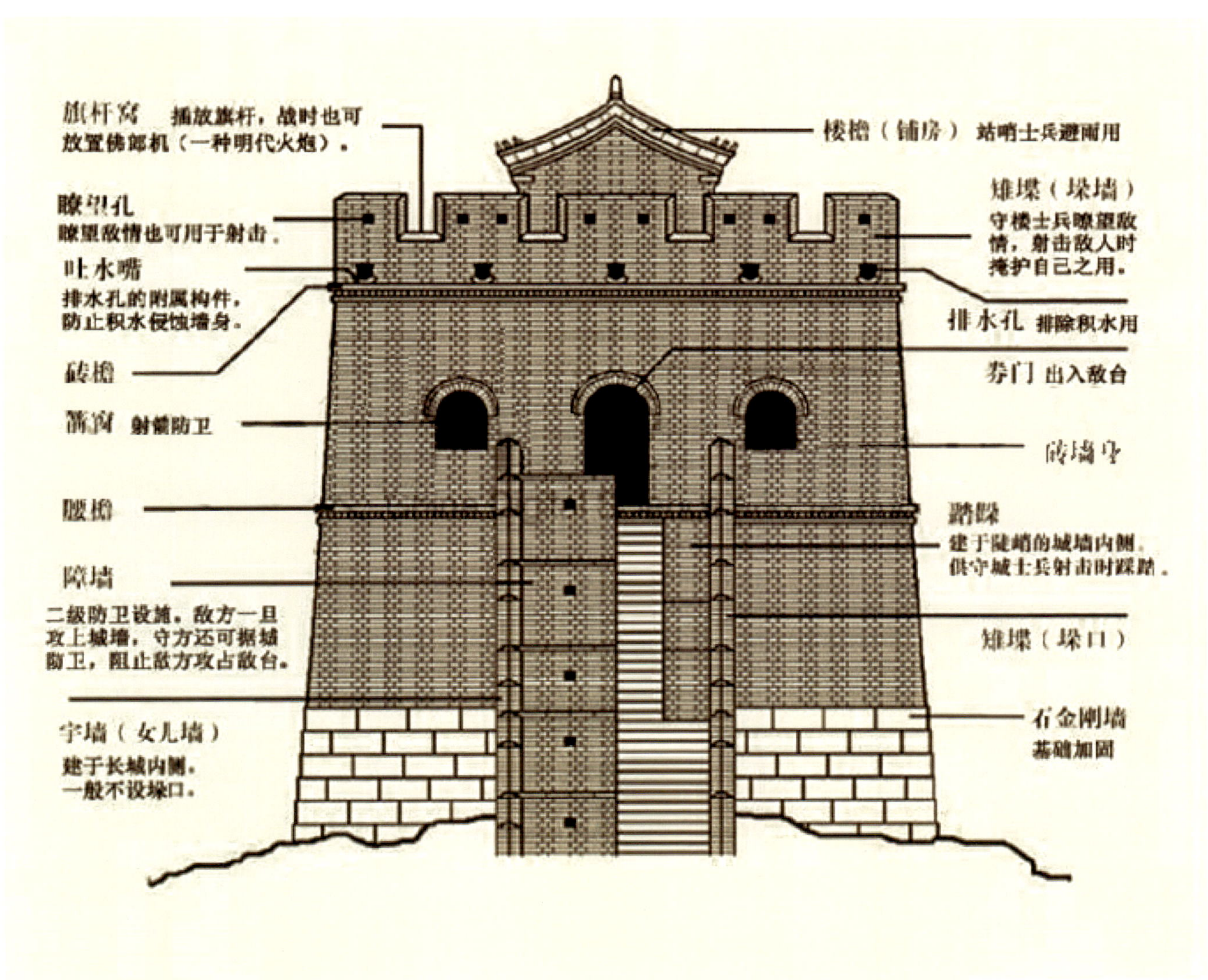

◎ 北固山上城墙敌台之一

◎北固山上城墙敌台之二

戚继光在台州城防建筑史上还有个突破性的创造——空心敌台。桃渚，于洪武二十年（1387）九月设千户所并建城，因处于从海上进入台州的咽喉之地，“为卫城府治之藩翰”，故亦是倭寇侵扰的重点。正统四年（1439）五月，数千倭寇分乘40多艘战船突袭临海桃渚，攻破城池，大肆抢杀。一时之间，“官庾民舍，焚劫一空，驱掠少壮，发掘冢墓，束婴竿上，沃以沸汤，视其啼号，拍手笑乐。捕得孕妇，卜度男女，刳视中否为胜负饮酒。荒淫秽恶，至有不可言者。”桃渚城内外，“积骸如陵，流血成川，城野萧条，过者陨涕”[2]。嘉靖三十八年（1559）四月，数千倭寇登陆台州，一股倭寇围攻桃渚城达七昼夜。戚继光在消灭入侵宁海鑑溪的倭寇后，与时任浙江海道副使的谭纶率兵冒着暴雨急行军300余里，解桃渚之围。四至五月，连捷于连盘、肯埠、章安、海门、金清、桃渚、昌埠、梅澳、南湾等处，彻底歼灭入侵之倭。五月，在再次解桃渚之围后，进驻桃渚城，看到城池破败，立即动员军民大规模修复城墙。他以军事家的眼光发现东北角和西北角“为薮泽，蔽塞不通”，成了死角。于是用官府空基易价作为费用，在两角创造性地各修筑了一座空心敌台，使桃渚“城上有台，台上有楼，高下深广，相地宜以曲全，悬瞭城外，纤悉莫隐”[3]。空心敌台的修建，大大增强了桃渚城的防御能力。嘉靖四十年（1561），又在台州府城策划修筑了13座空心敌台，为其晚年大规模建造北方长城空心敌台开启了先河。戚继光创建空心敌台，是其军事实践的一个伟大创举，是对中国古代军事建筑学的巨大发展，是军事建筑史和城防史的重大突破。

关于在台州府城修建空心敌台的数量问题，《戚少保年谱耆编》卷之二载：嘉靖四十年夏四月，“时台城久雨多倾圮，又因议建敌台，拆毁二十余处未修”[4]，从文字理解，当年计划应是建20多座空心敌台，但本地的古建专家黄大树先生1995年陪同国家文物局古建筑专家组组长、中国文物学会会长、全国历史文化名城保护专家委员会副主任、中国长城学会名誉会长罗哲文先生实地考察认定实建是13座，[5]故相关书籍资料均采用13座这个观点。关于组织建造者，杨秀敏先生编著的《筑城史话》认为是戚继光与谭纶共同所为，而胡长春先生编著的《谭纶评传》则说系谭纶所为。说敌台为谭纶所建显然是错误的，因为谭纶在嘉靖三十七年闰七月已调离台州，四十年三月则因丁父忧回原籍江西宜黄县，嘉靖四十年年初的台州知府为王可大，故谭纶不可能参与台州府城墙空心敌台工程。

通过戚继光、谭纶、胡宗宪、俞大猷、卢镗、汤克宽、刘显等文臣武将的共同努力，经过大小数百战，至隆庆元年（1567）四月，彻底消灭了长期侵扰我国东南沿海的倭寇和勾结倭寇的各部海盗。至此，日本各岛的来犯者，才承认在中国冒险没有便宜可占，因而逐渐放弃了继续骚扰的念头，东南沿海几百年的倭患得以平息。

东南沿海倭患渐次平息以后，长期以来高悬在明廷头上的“南倭北虏”两把利剑，好不容易

◎北固山上城墙敌台之三

摘除了一把，朝廷便把主要精力放到整饬北方边务，消除蒙古部落的袭扰上。朝廷商议对策时，工科给事中吴时来（台州仙居人）提议调两广总督谭纶、福建总兵戚继光、广西总兵俞大猷到北方“专督练边兵”。福建巡抚涂泽民则恳求：“戚继光才猷超迈，忠勇性成，功勋茂著，八闽爱戴，如出一口……盖一日有闽即不可无此官，乞将戚某专心料理闽事。”兵部意见：“戚某与谭纶向在福建，文武相资，练兵御寇，立有成效，应取回京，共修戎政。”明穆宗朱载垕决定：“速召戚某同谭纶回京，训练兵马，以备缓急之用。”[6]

戚继光于隆庆二年（1568）二月任神机营副将；五月，总理蓟、昌、保练兵事务，节制三镇与总督同；三年正月，破例以总理兼任蓟镇总兵，镇守蓟州、永平、山海关等处。谭纶则于隆庆二年（1568）三月任蓟辽总督；四年十月为兵部左侍郎，协理京营戎政；六年七月为兵部尚书，入掌兵部。

明代的蓟镇，作为京师的门户，军事地位十分重要，是明朝北部边防的重中之重，辖区内的两个最重要关隘——居庸关和山海关是通往塞外和辽东的要隘[7]。由于蓟镇兵士分散，军士缺乏训练，加之缺乏防御纵深，在蒙古鞑靼、兀良哈、土蛮等部落的多重威胁之下，往往顾此失彼，疲于应付，致使蒙古铁骑屡屡突破蓟镇防区的长城，深入京师腹地袭扰劫掠。在戚继光之前的17年间，调换大将10人，并均因罪去职[8]。

戚继光兼任蓟镇总兵后，在执友谭纶的极力举荐和倾力支持下，在内阁大学士张居正（隆庆六年六月出任首辅）的高度赏识和极度信任下，开始了军事生涯的又一次辉煌。

戚继光认为："夫摆边之说，须驻重兵以挡其长驱，而又乘边墙以防其出没，方为完策"[9]。而当时的长城守卫部队疲弱不堪，戚继光多次提议调部分戚家军北上，作为练兵的骨干和示范，把蓟镇部队练成精锐之师。在《戚少保奏议》一书中收录有《请兵破虏疏》、《辨请兵》、《定庙谟以图安让疏》、《练兵条议疏》、《增募南兵》、《题奏取用被劾战裨辩诬疏》等6个相关奏议，戚继光认为"浙兵俯攻仰斗，无有不胜。"要求："先调原练乌、台兵一万，授以战阵几宜，期已半年入彀。"募浙江旧兵一万余，以充教练可也。""南兵除请募三千鸟铳手外，再募取臣旧练经历战阵者七千，共合一万，专属于臣，居中团练。""更募绍、宁、金、台兵"，"增募南兵"[10]。并希望将能征善战的胡守仁、王如龙、李超、金科、朱钰、吴惟忠、陈子銮等部分旧部将调到蓟镇 。在谭纶的努力下，杭嘉湖参将胡守仁、署事参将李超等率3000名戚家军于隆庆三年二月到达密云郊外待命。优良的军纪，震撼了长城守兵。是年，增至一万，六年南兵再增一万[11]。戚继光对各种冷热兵器进行了全面的更新改造，以最新式、最精良的武器装备自己的部队；与谭纶一起设计、制造了偏箱战车，上架火炮，堪称现代战车之雏形；建立车步骑营，创造三兵种联合作战的新战术——马背上的鸳鸯阵；撰兵书《练兵实纪》，以北调的戚家军为骨干队伍，大规模训练将士；修建边墙敌台，大大增强长城的防御能力；调整防区，部署严密防守。这富有创造性而又成功的防御措施，使蓟镇有了从未有过的精兵强将，蓟镇的防御水平也达到了前所未有的高度。

大规模修建城墙敌台。自洪武初年，元廷遁北之始，明廷即开始修复长城，主要是在秦汉长城、北魏长城、北齐长城和隋长城的基础上加以修筑，并增筑烟墩、烽堠、戍堡、关隘等。但筑城的方式多数还是采取传统的夯土而筑，局部地区将土墙改为石墙，即砌石为墙。戚继光深感这样的

◎北固山上城墙敌台之四

长城在防御功能上的不足：边墙修得低薄，缺乏凭险据守的堡垒，并且多以泥土夯实而成，日子一久，倒塌倾圮严重，甚至“岁修岁圮”，根本无法阻挡鞑靼部落的袭扰。“每年修守，每年贼入，大虏不犯则已，犯则如蹈无人之境，何也？”戚继光深深地感到：“人亦以险固，设险为虚，人何由守？”提出按高质量的要求全面修复城墙，“金汤势成，不战而屈人之兵者在是矣”[12]。在《戚少保奏议》一书中收录有关修建城墙敌台的奏议有《请建空心台疏》、《议筑台规则》、《蓟镇急务》、《呈修各路边墙》、《议修补》、《更修台墙》等 24 个之多。他将在台州抗倭时修筑城防的成功经验推广运用到北方长城的加固改建上。一是修建空心敌台，将在台州抗倭时的发明——空心敌台在长城依山就势大量修建，亲自拟定筑台规则，在台州所筑敌台的基础上加以改进创新，至万历九年（1581），蓟昌二镇先后三期共建成 1448 座空心敌台，进可攻，退可守[13]。隆庆五年八月，时任蓟辽总督的刘应节将空心敌台总结为有利于屯兵、储藏粮食弹药、居高居险等攻守之十利，其功皆属戚继光[14]。二是加固长城，先是将城墙增高加厚，但仍感不足，万历四年（1576）起参考台州城在城墙两侧用砖石包砌增加牢固的经验，大规模用砖石包砌长城，即用经过修整的石条为基，墙体内外用青砖包砌，一直到顶，白灰勾缝，内实三合土，保障墙体坚固耐久[15]。三是完善长城的附属设施，增建垛墙、悬眼等设施。四是墙外削偏坡、挑壕堑、挖品坑，减弱敌人的攻击能力。五是墙内建附台军营（老营）。这就构成了一个城墙高峙、敌台林立、烽堠相望、完整而坚固的防御工事体系。在张居正、谭纶等推动下，宣府、大同、太原三镇参照戚继光的范例亦全面修建辖区长城敌台，但只有部分城墙用砖包砌，因而保存得远不如戚继光所主持修建的山海关至居庸关段长城完好[16]。

◎北固山上城墙敌台之五

◎北固山城墙敌台之六

◎北固山城墙敌台之七

◎北固山城墙敌台之八

◎敌台内观

◎敌台门道

◎夜幕下的台州府城墙

戚继光在《蓟镇急务》中认为："夫守固以筑台为策，而战必以练兵为先。"[17] 将蓟镇守军从原先的多项事务调整为练兵和筑城建台这两项主要工作上来。同时将北调的以义乌、台州籍士兵为主体的 1 万（后南兵增至 2 万）戚家军为骨干和示范，带领蓟镇守军练兵筑城，因而非常能领会戚继光的意图，其结果是所修的长城与戚继光、谭纶在台州抗倭时所修缮的台州府城在规格、形制、结构上都有很多相似之处，而所筑的空心敌台则是直接推广戚继光在台州取得的成功经验。正如罗哲文先生所说的："现存北京八达岭、慕田峪、司马台，天津黄崖关，河北金山岭，山海关角山、老龙头等处的长城、敌台、敌楼、关城的雄姿之所以与临海古城墙如此的相似，是因为它们都源于临海古城墙。""可以说，临海古城墙堪称北京八达岭等处长城的'师范'和'蓝本'"[18]。

注：

[1]、[7] 中国军事百科全书第 5 卷。

[2] 明佚名《嘉靖东南平倭通录·国朝典汇》。

[3] 明何宠撰《桃城新建敌台碑记》。

[4]、[6]、[11]、[14]、[15] 明戚祚国汇纂《戚少保年谱耆编》。

[5] 罗哲文先生为《历史文化名城临海》所作序言及采访黄大树先生。

[8] 清张廷玉等撰《明史·戚继光传》。

[9]、[10]、[12]、[17] 明戚继光撰《戚少保奏议》。

[13] 范中义著《戚继光评传》。

[16] 林幹著《中国古代北方民族通论》。

[18] 见罗哲文先生为《历史文化名城临海》所作之序言与《风景名胜》2009 年第 11 期罗哲文先生《江南八达岭 巍巍临海城》一文。

台州府城的地理环境

台州南接瓯闽，北邻苏杭，东临大海，西控括苍，天台踞于邑北，雁荡峙于州南，自古称："川泽沃衍，有陆海之饶……山海雄奇，磅礴郁积之气，汪洋浩渺之观，实为两浙最。""台区虽僻，而山水之胜实兼而有之。六邑俱在万山中，蚕丛鸟道，所谓一夫当关，万人辟易者也"。[1]台州以境内有天台山而名，亦称赤城，是故宋人楼观在《增造贡院记》中云："赤城为郡，上应三台，下列五邑，灵岳嶙峋，灵江回复，天下言东浙山川宏丽奇伟者先焉。"

台州在古称"南斗须女之分"[2]，这是较为笼统的概念，因为此之所谓的"须女之分"，包括了整个两浙。到了明代，台州星野躔度才有较确切的记述，《嘉靖浙江通志》载："台州府临海属牵牛四度。古测台州牛女分野，今测台州斗六度"[3]。清光绪十八年（1892），人们又对台州府城的经纬度进行了一次详测，此民国《临海县志》卷二记载得十分详细："光绪十八年壬辰十一月初三冬至日，午正于台州府城西墅舆图局偏城心南一里。北极比城心低一十八秒。制象限指分仪测得日高弧三十七度四十三分。初四日午正复测，度分同。加会典馆新测黄赤大距二十三度二十七分，得六十一度一十分，减于象限九十度，得台州府城北极出地二十八度五十分，加偏南一十八秒，校比旧测五十三分，今少三分。三十年甲辰五月初九夏至日午正复测，与前测合。"这是历史上有明确舆测时间和地点的文字记录，具有非同一般的意义。进入当代，科学日臻发达，临海的科学测算数据是：东经 121.08 度，北纬 28.51 度。

郡治之设，明代人文地理学家王士性称："此唐武德间刺史杜伏威所迁，李淳风所择"[4]。郡治是否李淳风所择，我们一时无法找到更直接的证据，但毋庸置疑，在台州区域内，无论形势名胜，这里都应是最理想的地方："以今城垒，骋目而望，据大固山，介天台、括苍间，巾峰对峙，如入几席，天台、仙居二水别流至三江口而合，萦纡演迤，环拱其郛，岩光川容，吞吐掩映于烟云缥缈之际，真足以奠城社、标宅里、聚廛市，以雄跨一方矣"[5]"州西南北三面逼山，独东望诸峰差远，云烟空蒙，外际暝海。"[6]在中国古代传统文化中，尤其是在建城择地方面，堪舆术是不可少的，台州府城的选择同样不能例外。这在清洪熙揆所撰之《修复台郡形胜记》中可以得到应证："从来建立邦邑，必覸土考祥，几经审度而始定，凡以育人才，滋物产，皆扶舆磅礴之所致也。吾台为浙左股肱郡，偭山傃江，其形势甲于东南。故自宋及明。理学、文章、政事之士，后先相望，声名文物，駸駸乎冠两浙矣。"

府城背靠北固，前峙巾山，灵江绕于东南，东湖依于郭外，水环山抱，胜甲东南。

大体而言，台州府城的环境可以两山两水来概括。两山为北固山与巾山，两水则乃灵江和东湖。

北固山，又称大固山，古称龙顾山。山高百余米，东西绵延近 1500 米，素号州城屏障。《嘉定赤城志》卷十九载云："大固山，一名龙顾山，在州西北三百步。高八十丈，周回五里。按旧经，晋隆安末，孙恩为寇，刺史辛景于此凿堑守之，恩不能犯，遂以大固、小固名其山……山势逶迤，抱州治如屏障，自州治后而北曰北山，自北山稍东接白云寺后则曰白云山，其实一山也。”山尤以西北面最为险峻：“（两浙）十一郡城池惟吾台最据险，西南二面临大江，西北巉岩插天，虽鸟道亦无”[7]。

在堪舆家和不少文人士绅的心目中，大固山乃龙脉之所在，宋人楼钥云：“台州之北，大山绵亘，其一支自东而西，蜿蜒逶迤，至江而止，势若回顾，是为龙顾之山。”[8] 又清人项炳珩云：“郡城自李台史相度，号为东越名区，发脉于天台华顶峰，蜿蜒百余里，至后岭而咽喉一束，盖合郡气脉团结处也”[9]。稍早于项的洪熙撰亦称：“至后岭为郡束咽处”[10]。这说明，大固山乃郡龙之首。清人张绮在《登北固城早望》有诗赞云：“地古华胥国，山环海一陬。崇墉跨北固，保障重东瓯。”

台州府城之胜，当以巾山为最。巾山又称巾子山，坐落在城内东南隅，下临雉堞，前绕灵江，高虽不足百米，然素号“一郡游观之胜”。《赤城志·山水门》记：“巾子山在州东南一里一百步，连小固山，两峰如帢帻。其顶双塔差肩屹立，有明庆塔院，院之南有翠微阁，北有广轩，轩下睹阛阓，阁南眺郊薮，廛市山川之胜，一目俱尽。故其胜概名天下，登临者必之矣。”由此可知巾山胜迹，在宋朝的时候就已名动天下。现巾山两峰上，明庆塔院和翠微阁、广轩等已湮没，只有东西双塔经历代兴修而保留至今，与龙兴寺千佛塔、南山殿山门右之南塔并称巾山群塔。

巾山两峰间凹陷处，有华胥洞、仙人床遗迹和“遗巾处”摩崖等，《巾子山志》卷四云：“华胥洞，亦作皇华洞，在巾子山两峰交界山腰，洼处一穴，相传华胥子所居。”“仙人床，在巾子山双峰间。”又卷七引《临海补志料》云：“‘遗巾处’三字在巾山两峰交界处，有石床并枕可卧，或云皇华仙人迹也。石上刻‘遗巾处’三字。”这些故事进一步丰富了巾山的文化内涵。

巾山历来景色清幽，名胜众多。山中岩壑松风，流荫滴翠，梵宫画阁，隐约其中。今所存留的，佛院有北麓的龙兴寺和茅庵岭上的上兜率寺；道观有三元宫和中斗宫；他则还有南山岭上的南山殿，不浪舟上的读画阁；两峰之间的皇华阁等。

历代题咏巾山的诗颇多，最有名的有唐任翻的《题帢帻精舍》：“绝顶深秋生夜凉，鹤翻松露滴衣裳。前村月照半江水，僧在翠微开竹房。”顾况的《临海所居》：“家在双峰兰若边，一声秋磬发孤烟。山连极浦鸟飞尽，月上青林人未眠”。宋戴复古的《题翠微阁》：“双峰直上与天参，僧共白云栖一庵。今古诗人吟不尽，好山无数在江南。”此外，朱熹、戚继光等历代名人也都留下了不少佳句题咏。

台州府城西南二面临浙江第三大河流灵江。灵江旧称临海溪，南朝宋孙诜所撰之《临海记》载云：“临海山，山有二水，合成溪，曰临海。”唐李吉甫《元和郡县志》称临海江。灵江的名称最早出现唐代后期，晚唐诗人任翻《再游巾子山寺》有云：“灵江江上巾峰寺，三十年来两度登”之句。据《嘉定赤城志》卷二十三记载：“灵江在州城外。其水自三江合流，环绕郛郭，旧传有‘赤

括苍山
羊岩山
雲峯
台州府城
江南长城
中子山
南湖公园
军事探险漂流
江南大峡谷
盖竹洞天

◎台州府城地理环境手绘示意图

◎台州府城（即今临海城）鸟瞰

◎ 灵江经北固山麓绕城东流（上）

◎ 巾山临江南峙（右）

◎晨雾缭绕中的北固山城墙

◎ 府城濒江环山 山水相依

◎府城东侧之东湖

◎东湖雨后

◎ 东湖远眺北固山城墙

◎ 水榭湖光

城地，灵江水，丹丘井'之谣。"又民国《临海县志》卷四云："灵江环城而东。上源有二：南源曰永安溪，出仙居县西南山，源出永嘉界乌岭冷水坑山。按齐召南《水道提纲》省作坑山。东北曲流经仙居县治南曰大溪，又东北至白水洋南，经象坎渡入境，又东，黄沙溪自北注之，出界岭龙潭山。又东少南，芳溪自东南注之，出括苍山之悬特山。又东至城西北，会天台溪，曰临海江，海潮至此，故名临海。亦曰三江。北源曰始丰溪。出天台县西南山，源出东阳县大盆山，至柴岭坑入天台境。东迤北流经天台县治南，折东南至杜潭岭麓入境，又南曲东经中渡，大石溪自东注之，又曲曲南流会于三江。潮汐至此止，故其流溪清而江浊……二水既合，又东南经县治南，曰灵江。又东，东湖水自城东注之。又东北，义城港源出县西南山，东北流，来注之，又东北折东南，大田港源出县东北山，西南流，合邵家渡港，来会于双江口。又东南曲流至三江口，黄岩县永宁江自西南来会，是曰椒江，即海门江。去县一百里。江阔旧二十余里，今渐涨狭，仅五里余。又东经家子镇北，章安镇南，回浦水自东北注之。又东经海门镇城北，前所寨城南，两城对峙，为明信国公汤和所筑，至牛头颈北麓、小圆山南麓，两山对锁，是为海门，入于海。”根据台州水利部门实地勘察，永安溪发源于仙居与缙云交界之水湖岗西北麓底寮坑上游950米处，经仙居县至临海三江口汇为灵江，全长144公里。始丰溪发源于磐安大盘山主峰南麓海拔1130米处。经天台县至三江与永安溪汇合，全长128.9公里。灵江自三江开始，经6.7公里至府城西门（朝天门），遂绕城往东南而流，至城东南约3公里处有大田港（俗称“百廿里倒流水”）之水由东南注入，之后义城港之水由西南注入（1974年改道由此注入）至黄岩三港口又有永宁江注入，然后至台州湾出海，全长64.9公里。东海的潮水也一直涨到府城西北6.7公里处的三江。正是因为台州府城负山面水，环水而筑，因此自城外而观，城池有如浮江峭立，险固异常。“台当山海之会，临海附郭尤称险固。城南两峰，屹然天柱。其下巨浸，自西而东，怒涛冲激，如逸如顾，倏焉趋海。”[11]。千百年来，灵江一直属于台州府城的天然壕堑。

灵江是台州的母亲河，也是古代台州交通的大动脉。她上通天台、仙居，下连海门，内可达金、衢，外可出东海，台州府城因此也成为古来浙东沿海商旅要津。据今人考证，唐鉴真第四次东渡日本，就曾驻锡灵江边上兴善门内的龙兴寺，在此候访日本商船。明万历杭州双桂堂《历代名公画谱》也有一幅托名为唐郑虔的摹刻山水图，该幅图中所绘即今西城朝天门外至船岩一带景色，其中江岸多有商船停泊，崖下桅杆隐约，一船船头向岸，船上六七人影，恰是返航靠泊，其下又有小艇穿梭，充分反映当时人们生活的一个侧面。

府城涉江旧有三渡，称上津、中津、下津。北宋以前，人们以渡船涉江，至南宋淳熙八年（1181），台州郡守唐仲友创中津浮桥，桥长八十六丈（详《嘉定赤城志》卷三）。下津在康熙间曾建过石桥，系妙真募捐而建，始于康熙七年（1668），竣于康熙十八年，至康熙二十五年即为洪水所圮。总体来说，三津自宋以降主要靠浮桥通行，直至1965年10月灵江大桥建成，中津才结束了浮桥的历史。上津浮桥则至二十世纪八十年代望江门大桥建成方才完成了自身的使命。

灵江见证着临海与台州的沧桑，生活在灵江流域的人们也同样铭记着灵江的喜怒哀乐，“绍定二年（1229）九月，天台、仙居水自西来，海自南溢，俱会于城下，防者不戒，袭朝天门，大翻括苍门以入，杂决崇和门而出，平地高丈有七尺，死人民逾二万，凡物之蔽江塞港者入于海者三日。”又隆庆二年（1568）七月，大水“入城三日，溺死三万余人，坏室庐五万区……旧传仅留十八家”[12]。尽管如此，我们的祖先总是怀着一种平和的心态，没有过多地抱怨她，相反为我们留下了许许多多的叹美之声：“绿杨影里驾浮桥，唤渡人归薄雾消。雨势全吞椒浦月，风声倒卷海门潮。帆悬两岸山俱动，棹击空明天欲摇。最好渔舟归唱晚，响穷远渚望迢迢。”[13]。“灵江江上日迟迟，两岸和风却背吹。野水乍生帆征集，春潮欲上鲫先知。连云城郭随波动，倒影楼台逐浪多。濯锦何须夸制胜，巾峰原不让峨嵋。”[14]。

◎府城巾山南峙 灵江前绕 山水城浑然一体

东湖，是镶嵌在台州府城东城外的一颗明珠。宋《嘉定赤城志》卷二十三载："东湖在崇和门外三十步……水光山色，涵映虚旷，为春夏行乐之冠。"东湖最初为船场水军营，乃北宋端拱二年（989）郡守张蔚所凿，原在城内。"熙宁四年（1071），钱守暄始开为湖。时方累石修城，以水至漂溢，故凿湖以受众水，且以其土堤城之东，绝后患焉"[15]。其实，宋代的东湖要比现在大得多。宋王廉清《修东湖记》云："凡湖其南方东西十六丈五尺，其北方东西六十五丈五尺，南北通袤三百二十丈，计其广轮二百三十亩有奇。"按宋朝一丈相当于现在三米稍余，以此换算，宋朝时东湖南北直线距离长约960米，南端宽约50米，北端宽约200米，大致可以视为一个梯形。今东湖仍然保持梯形的格局，只是南北距离仅为500米，而南边宽约150米，可见和宋时相比，东湖南边已向北缩了有460余米。这在宋陈耆卿《嘉定赤城志》卷首《罗城图》中画得清清楚楚，一看即可了然。

钱暄在开凿东湖的同时，即在湖中建堂设亭，堤岸种荷植树。宋钱暄《东湖共乐堂》诗即有："疏就湖山佳气浓，花林茂列景争雄。""荒芜芟去成佳致，换得汀州月与风。"明秦鸣雷《重修东湖记》也记云："中建堂为共乐，亭为流杯，规制甚备。其时翠潋摇岸，澄波洗月，峰峦列嶂，桃柳盈堤，为一郡之胜焉。"

现东湖仍分前后湖，中有横堤。《东湖志》卷上记云："湖堤西薄城垣，东南市廛鳞次，中亘横堤，界分两湖，后有小堤，自樵夫祠迤逦而南，与横堤相植。"外湖中有湖心、半勾两亭，以九曲栏杆连至横堤。横堤中有一洲，

就地质地貌言，临海属中低山丘陵地区，括苍雄踞西南，大雷屏障西北，湫水山余脉纵贯东部，蜿蜒邻县，除河溪狭道外，皆要翻山越岭。地形西高东低，西部括苍山、大雷山主峰一带，多千米以上山峰；中部山顶高程多为500～800米，且多绵亘市县边境上；东部丘陵海拔数十至数百米，唯湫水山余脉山峰，高度达500～700米左右。山脉走向，多呈东北－西南和近东西向，个别南北向。此系长期地质构造活动和外力侵蚀作用的结果。地质构造首推断裂活动和岩浆火山喷发和侵入，而断裂作用，主要受北东～南西向、东西向两组影响最甚。山体由侏罗系上统、白垩系陆相火山岩，河湖盆相砂岩、砂砾岩及燕山晚期花岗闪长岩——花岗岩组成。局部地方尚有新生界玄武岩零星覆盖。

以台州府城为中心，北为城北山地，东为大田平原，东南为湫水山余脉。城北山地介于临海城关－大田垟－大石垟之间，西为始丰溪所截，走向北东－南西，东南面为永嘉－宁海撕裂带通过，主峰石岩头（739.3米），次为石龙安（644米）、白云山，余多为500米以下丘陵，山势向北东渐降，在仙人桥一带升高并与大雷山支脉会合于湫水山脉。主峰由流纹岩组成，其东南有松山二长花岗岩体侵入。山顶东西两侧较为平缓，有"居顶不觉顶，相见小山岭，待到下山时，方知是山顶"的地表特征。彭山、仙人桥两乡即在其上。

湫水山余脉包括城关东部、大田东南、涌泉北部、桃渚西面一带的山地，海拔在 500 ~ 700 米左右，由北而南纵贯在大田－临海城关－尤溪山间盆地与杜桃滨海平原之间。山脉走向，除西南略有北东向外，大致呈南北向。它属于主峰（882.4 米）在三门县境内湫水山南伸之余脉。地势由北而南缓降。北起与三门县界的大来山（685 米），帽海尖（668. 7 米），向南经白天窑山头（643.6 米）、百公尖（624. 6 米）、和尚山（623.9 米）至灵江边的黄石山（576.9 米）、万岙山 (537 米)，然后为灵江－椒江所切断。该山地南部山顶山（627 米）之南兰田一带（俗称桐树山），山顶平缓，复有新生界玄武岩，形成方山地貌[16]。

概而言之，台州府城环水绕山，山水相倚，自然风光雄险清丽，军事地理十分优越，素称形胜之地，诚如宋人包恢所云："临海山高水深地载，神气所钟，宜为人物渊海"[17]。虽屡经水患，亦有迁城之动议，然当地军民还是不改初衷，恒加修筑，至今依然。古城如斯，亦天地造化之赐也。

注：

[1] 均见民国《临海县志》卷二《形胜》。

[2] 宋陈耆卿《嘉定赤城志》卷一。

[3] 民国《临海县志》卷二引。

[4]、[7] 明王士性《广志绎》卷四。

[5] 陈耆卿《嘉定赤城志》卷二《地里门》序。

[6] 宋林表民辑《赤城集》卷十一尤袤《玉霄亭柱记》。

[8] 宋林表民辑《赤城集》卷二楼钥《台州重修社稷坛记》。

[9] 见民国《临海县志》卷二项炳珩《重培台郡后岭龙脉碑记》。

[10] 见民国《临海县志》卷二洪熙揆《修复台郡形胜记》。

[11] 民国《临海县志》卷二引嘉靖《临海县志》。

[12] 均见民国《台州府志·大事略》。

[13] 清翟翘《灵江舟中》。

[14] 清朱震《灵江》。

[15] 民国《临海县志》卷四。

[16] 见 1986 年 5 月编印之《临海市地名志·临海市山脉略考》。

[17] 宋林表民辑《赤城集》卷六《临海进士登科题名记》。

台州府城墙的文化外延

台州府城，即临海城，是浙东南地区现存最为完整的千年古城。1400余年以来，她一直是台州的政治、军事、文化中心。1994年，台州的行政中心南移，临海虽然降格为县级城市，但历史却为她留下了极其璀璨的文化，丰厚的积淀，有幸使之成为国务院公布的第三批国家历史文化名城。

而今，当我们悠然漫步在幽长交错的古街古巷之间，弓身于鳞次栉比的老第老宅的厅堂檐廊之下，体味着淳厚独特的民风习俗，在那不知不觉之中，你的身心都默默浸润着这座千年古城的历史芳香。

在触摸过台州府城墙的一砖一石之余，让我们再去回眸一下台州府城的沧桑岁月，切身去感受一番历史绵延的人文意绪。

一、台州府城的历史格局

台州设置于唐武德四年（621），因境内有天台山而得名。州城的始筑年代，旧志无载，宋陈耆卿编纂之《嘉定赤城志》仅云："按旧经，周回一十八里，始筑时不可考"[1]。按《嘉定赤城志》卷三十一《祠庙门》云："州城隍庙，在大固山东北，唐武四年建。"通常而言，先有城，然后才有城隍庙，以此推断，建城的时间与设州的时间应该相同，都在唐武德四年（621）。

唐代的州城比宋、元、明、清各代要大些，《嘉定赤城志》载云："按故基，东自小鉴湖，循清心岭而南，萦抱旧放生池，直接城山岭古通越门土地庙处，盖今湖昔地皆阛阓中物也。后乃徙而之西，缩入里余"[2]。小鉴湖即今东湖后湖靠烈士陵园前一带湖面。所经之清心岭，民国《临海县志·叙山》云："清心岭，在县东北三里，抱城。"据里推算，即今烈士陵园一带之山坡。可知熙宁前之城址自烈士陵园东侧起，然后沿钱暄路一直南伸。放生池在《嘉定赤城志》卷首《罗城图》中尚可得见，大体位置在今下桥批发市场附近。城山岭则标于图之西南角，在镇宁门与丰泰门之间而略偏向丰泰门。按《赤城志》卷十九《山水门一》云："石船岩，在县西一里城山岭。"民国《临海县志·叙山》谓："城山岭，即太平关。"由此可知，城山岭即西门（朝天门）北侧一带城墙上蜒之山坡。石船岩，今人音讹为蚕岩。对于这一次东城墙的内缩，据《嘉定赤城志》的考证，是熙宁四年（1071）郡守钱暄所为。只是《志》中所谓的"古通越门"既不知为何许门，也不知唐代至北宋初期有无开过叫通越门的古城门了。

台州刺史厅（即州衙）最初设在北固山上，位置即在原台州卫校范围内（台州卫校于2003年1月并入台州学院）。这里旧称永庆寺，永庆寺又称永庆院或白云延寿庵。宋纂之《嘉定赤城志》卷五《公廨门二》曰："州治，在州城西北大固山（即北固山）下。旧在山上，今永庆院盖其处。"又引《白云延寿庵记》云："昔为铃阁，当庵之中，后人迁于山下，将二百载。"还有同书卷

◎西门街

◎ 紫阳街之一

二十七《寺观门一》亦云："永庆院，在州北一里，即古郡治。"所谓铃阁，是指古代将帅或州郡长官之公廨，这里即指州衙。《白云延寿庵记》作于宋初太平兴国二年（977）前后，以此上推二百载，为唐大历（766～779）年间。也就是说，中唐以前的台州州衙设在大固山上，中唐以后迁于大固山下，下迁后的台州州署在今台州医院及院南区块一带。中唐诗人许浑在台州时，写有一首《陪郑使君泛舟晚归》诗，诗云："南郭望归处，郡楼高抱帘。平桥低皂盖，曲岸转丹襜。"这应该是我们现在惟一能见到的唐人直接述及州城和州治的历史文献了。

子城是州衙的重要组成部分，它是州衙的最后一道防线，《嘉定赤城志》卷二载："按旧经，周回四里，始筑时不可考。或云州治旧在大固山，上有子城故址焉，后随州治徙今处。"州治在山上的时候，有无子城不敢确定，州治移至山下之后，子城应该相继建成。对于子城的范围，宋《嘉定赤城志》卷首《罗城图》绘制得清清楚楚，结合我们现在看到的子城东门，基址所在清晰可知：子城东门大体居东城之中，东城由东门向南北分延，南至现在的临海市人民武装部前侧；北至市机关幼儿园北端；南城由人民武装部东南侧起直至原括苍门；西城自括苍门北折，经原迎春门（子城西门），再往东北至今梅园南沿；北城自梅园至市机关幼儿园附近与东城相接。子城门有三：东曰顺政门，楼称东山阁；西曰延庆门，楼名迎春；南曰谯门，上为鼓楼，为打更谯鼓之地。

唐代的街巷、城防格局我们现在已无从确知。

唐代的建筑，除了城郭与州衙以外，我们所知者尚有部分寺院、宫观、祠庙建筑，大略如下：

一、龙兴寺，始建于唐神龙元年（705），初名中兴，景龙元年（707）改名龙兴，开元二十六年（738）改名开元，宋改景德、天宁、报恩光孝，元后一直称为天宁，1999年重建后，复名龙兴[3]。

二、净慧寺，在州南三百步，唐武德元年（618）建，系妙善公主道场，次年赐额。大体方位在临海三中以西一带[4]。

三、演教院，在州东南三百五十步，净慧子院，亦唐武德元年（618）建，次年赐额。位置约在老市一医院南沿附近[5]。

四、白云寺，在州东北一里一百三十步白云山下，后改祚圣院，唐诗人沈佺期《饯台州刺史序》"怀白云之兰若"即谓此。位置约在老台州中学一带[6]。

五、护国寺，在州东一里，唐光启三年（887）僧道元建，后改宝城院，寺在今临海市政府招待所西南侧附近[7]。

六、白鹤观，在州东北一里一百步，建于唐高宗时，天宝（742–756）间改开元观，宋后称天庆观。位置在今戚公祠东侧一带[8]。

七、白云庵，在州西北二百六十步，唐中和（881–885）中建，五代后改为栖霞宫。当在北固山上西南麓原台州地委党校附近[9]。

◎ 紫阳街之二

八、台州城隍庙，在北固山上，唐武德四年（621）建，庙在“文革”间被毁，2003年复建[10]。

九、天王堂，在州治后西北，祀毗沙门天王，唐天宝（742～756）初建，庙址估计在今大固山西南坡梅园附近[11]。

十、武烈帝庙，在州东南二里靖越门内，祀隋司徒陈果仁，唐乾符二年（875）封颜卿建[12]。

五代台州属于钱氏的吴越国辖境，台州城的格局当如同唐代，我们也依然不能了解到太多的状况，所知者亦仅增建了不少寺院宫观而已。因其历史时空不长，这里不作细述。

宋代台州城的格局已经十分的明晰，这主要凭藉于宋陈耆卿编纂的《嘉定赤城志》。《赤城志》是中国历史上的名志之一，该志在许多章节为我们留下了有关台州府城当时景象和状貌，特别是卷首的《罗城图》，更是为我们认识和研究台州城的演绎过程提供了极其重要的文献资料。

我们先从《罗城图》中加以考察：

第一，先看城墙。《赤城志》作于南宋嘉定十六年（1223），这时的城墙已完全固定下来，基址位置与现在没有什么两样，所不同的是宋代城墙的东、西、南均开有斗门。斗门，是指放水的闸门，又称窦窗，整体低于地表。台州城的斗门设于北宋庆历六年（1046），据主其事者的台州郡守元绛在《台州杂记》中自述，当时共开挖了十个斗门，但并未告诉我们斗门的位置。在《赤城志》绘制此图时已消失了四个，尚可见六个。这六个斗门的位置是：东城墙二个，一个设在东城墙的南端，具体位置应该靠近现巾山（小固岭）东麓登山的入口处附近；另一个在崇和门南侧，具体位置在今宝城巷东巷口一带。南城墙三个，一个在靖越门西侧，另两个在兴善门（南门）与镇宁门（小南门）之间。西城墙一个，具体位置在今望江门南侧一带。

元绛在修城之余，又在城内开凿州河：“内水方淹，以疏其恶，又凿渠贯城，厮为三支，达壅亭，清余波，距川斫十二石扛，蜿蜒跨渠，舟车竭来，行者不病，旬岁而工既”[13]。城内之水，总名州河，分而为三，分别称清涟、新泽、清水。这三条内渠的流向，在《嘉定赤城志》卷二十三描述颇详，卷首《罗城图》标得也很清楚（《罗城图》附后），此不赘述。只是到了南宋嘉定年间陈耆卿编志时，已“今皆汙壤，通涓流而已。”

宋代的街巷格局比较规整，均呈东西走向与南北走向，数量也不算多，南北走向者仅八条，东西走向者有二十余条，《赤城志》卷二载坊市十四个，分别为：状元坊，在州东一里；登俊坊，在州东南九十步；惠化坊，在州东二百步；春祺坊，在州南一百三十步；移风坊，在州东南二百步；顺昌坊，在州东三百步；通远坊，在州东南三百五十步；延康坊，在州东南一里；永平坊，在州南一里；宝华坊，在州东南一里二百步。以上十坊为旧设。悟真坊，在州东北二百五十步；兴贤坊，在州东南一里；美德坊，在州东北一里；又有状元坊，在州南七十五步。此四坊设于南宋。若按图上所绘，至南宋嘉定时应至少有二十余坊，其中标以坊名者仅有美德坊、状元坊、顺昌坊、惠化坊、施水坊、宝华坊、悟真坊、通远坊、登俊坊、春祺坊、永平坊、兴贤坊十二个，其中的施水坊则未见于卷二的记录。《赤城志·罗城图》虽绘有三十条左右的街巷，但见诸卷二《坊市》的却只有节孝巷、户曹巷、綦内翰巷、杜家巷、黄甲巷五个。宋代城内外的市集相当发达，《赤城志》中记载的就有：大街头市，在州东二百步；小街头市，在州东三百步；尼巷口市，在州南三百步；税务前西市，在州南三百五十步；报恩寺西市，在州南一里二百步；朝天门内市，在州西八十步；朝天门外市，在州西一百二十步；括苍门外市，在州西二百五十步；镇宁门内市，在州南一里五十步；镇宁门外市，在州南一里八十步；兴善门外市，在州南一里三百步。

宋时州衙的建筑，《罗城图》所标有衙楼、通判厅、推官厅、司法厅、司户厅、社稷坛、颁春亭、熙春馆、手诏亭、知录所、盐库、鼓楼等。若据卷五《公廨门》所载，尚有仪门、设厅、小厅、签厅、宣诏亭、拜诏亭、清平阁、见山堂、静镇堂、君子堂、节爱堂、霞起堂、凝思堂、双岩堂、乐山堂、和青堂、集宝斋、参云亭、玉霄亭、舒啸亭、驻目亭、解缨亭、澄碧亭、瑞莲亭、凝香阁等。

州学设于郡治的东南角，亦即我们现在所见到的台州府文庙，位置已在子城以外。据《嘉定赤城志》卷四记载，最初设在州治之后，景祐二年（1035）郡守范说移至城内东北角，康定二年（1041）郡守李防移建于现址。然据李防自撰之《丹丘州学记》（《记》收录于宋林表民辑《赤城集》卷五），实乃移建于宝元二年（1039）。

元代时间较短，大体格局基本未变，但子城当在元初时被拆。元周润祖《重修捍城江岸记》称："皇元大一统，尽堕天下城郭，以示无外"[14]。台州府城的外城虽然由于防洪的因素得以保留，而子城必难逃其劫。此外，台州的衙署亦在元灭宋的过程中毁于兵火，这在元石抹继祖所撰的《重建总管府记》中交代得非常清楚："乃南北混一之岁，郡治毁于兵。总管李公宥，度时之宜，立屋数十间，以听民讼，更九政三十有六年，莫之改作"[15]。在元前期的三十六年中，宋代郡治那种宏大的规模已荡然无存，所有者仅仅"立屋数十间，以听民讼"而已。这一状况直到至大三年（1310），才得以改观，是年达鲁花赤也都居帖木儿大兴土木，重建屋宇"凡四百楹"[16]。

明代的主体格局变化不大，但坊巷已大大增加。宋代城内计十四坊五巷，到了明代嘉靖年间已增至五十四坊十五巷，现据民国《临海县志》卷四《坊乡》录如下：

治东曰状元、广文、惠化、清泉、汤家、顺昌、兰秀、喜仙、登台、清河、儒林、德清、砚池、平乐、会通、白云、近教、普济、处仁、上台，其巷有慧日、宝城、州营、李儿之名。

治南曰通远、登俊、移风、延康、延寿、宝华、兴贤、春祺、永平、拱南、永德、永仁、永安、敦仁、仁义、里仁，其巷有王胡、石人、二井之名。

治西曰寿台、敷教、挹秀、积善、拱北、迎春、武德、三台、崇道、五云，其巷有田婆、大井头、西营、小井头之名。

© 紫阳街之三

◎朝天门内老街

治北曰奉仙、永宁、美德、芙蓉、悟真、仁恕、青云、集礼，其巷有天灯、邬宅、樱珠、勾澜之名。

此外，城内由东而西的东西大街至迟形成于明代早期，甚至有可能形成于元代。这在明包廷嘉所撰的《重新府治记》中得见端倪。《记》中有云："府治修葺于庆历、乾道之余，每多因循其旧，门薄大街，仅容旋马"[17]。弘治四年（1491）台州知府马岱因予重修，修建后的府衙"离大街一十一丈四尺为正门"[18]。只要翻阅《嘉定赤城志》卷首的《罗城图》，我们就可知道，唐宋时期的州城并无自东城直达西城的东西大街，我们现在所见到的东门后街连接西门街，一直到达朝天门稍南城根，在唐宋两朝都是不存在的，这是因为这条街自东城起，到子城东门为止，门内已是林林总总的公廨。也就是说，只有到了子城拆毁以后，这条街才能形成。包廷嘉所谓的"每多因循其旧，门薄大街，仅容旋马"，说明这条大街形成已久。兵燹之余，元、明的台州府衙之规模由南向北已缩了一大半。

明代增设的官署主要有：台州卫，在州治西三十步；宁绍台兵备道，在州治东南半里，其旧址当地人俗称道司或道司里。此外还有一些省级行政机构的分司。

在明代，府城内空前绝后的建筑就是牌坊，按照民国《临海县志》卷三十四《坊表》的记述，共有五十一个，再加城外的三个，总数达五十四个之多。列如下：

秉义全台坊　在县治东北百花桥。为洪武庚午举人赠尚书贺银立。

二元坊　在县治西西墅下。为永乐戊子解元、己丑会元江南提学佥事陈璲立。

三大夫坊　在县治西东岳宫前。为宣德五年庚戌进士布政使陈员韬、景泰丙子举人都督府经历陈英、天顺四年庚辰进士广东布政陈选立。

贯珠双给谏坊　为宣德八年癸丑进士通政司参议侯润、弟河南布政侯臣立。

岳伯坊　在靖越门里。为张镇立。今圮。

三魁坊　为布政侯臣、成化十六年庚子举人侯聘、弘治己酉举人鲁府长史侯汾立。

父子进士坊　在县治西朝天门。为永乐二十二年会元叶恩、成化二年进士叶廷荣立。

解元坊　在县城仓前。为宣德丙午解元何维机立。

文魁坊　在县治东左营巷。为正统元年进士参政陈瑊立。

青云坊　在县治东小街头巷口。为正统三年举人国子博士翰林检讨侯丕立。

集英坊　为正统十二年举人侯简、应璧、陈赟、郑显、沈日新、陈聪、童玘、李让、林凤、夏埙、曹干、卢岩立。

恭愍坊　在县治西朝天门外。为天顺四年进士广东布政使陈选立。

进士坊　在县治东白塔桥。为景泰五年进士御史周一清立。

传桂坊　在县治南镇宁门内。为景泰五年进士广西参政王文立。按王文即范文。

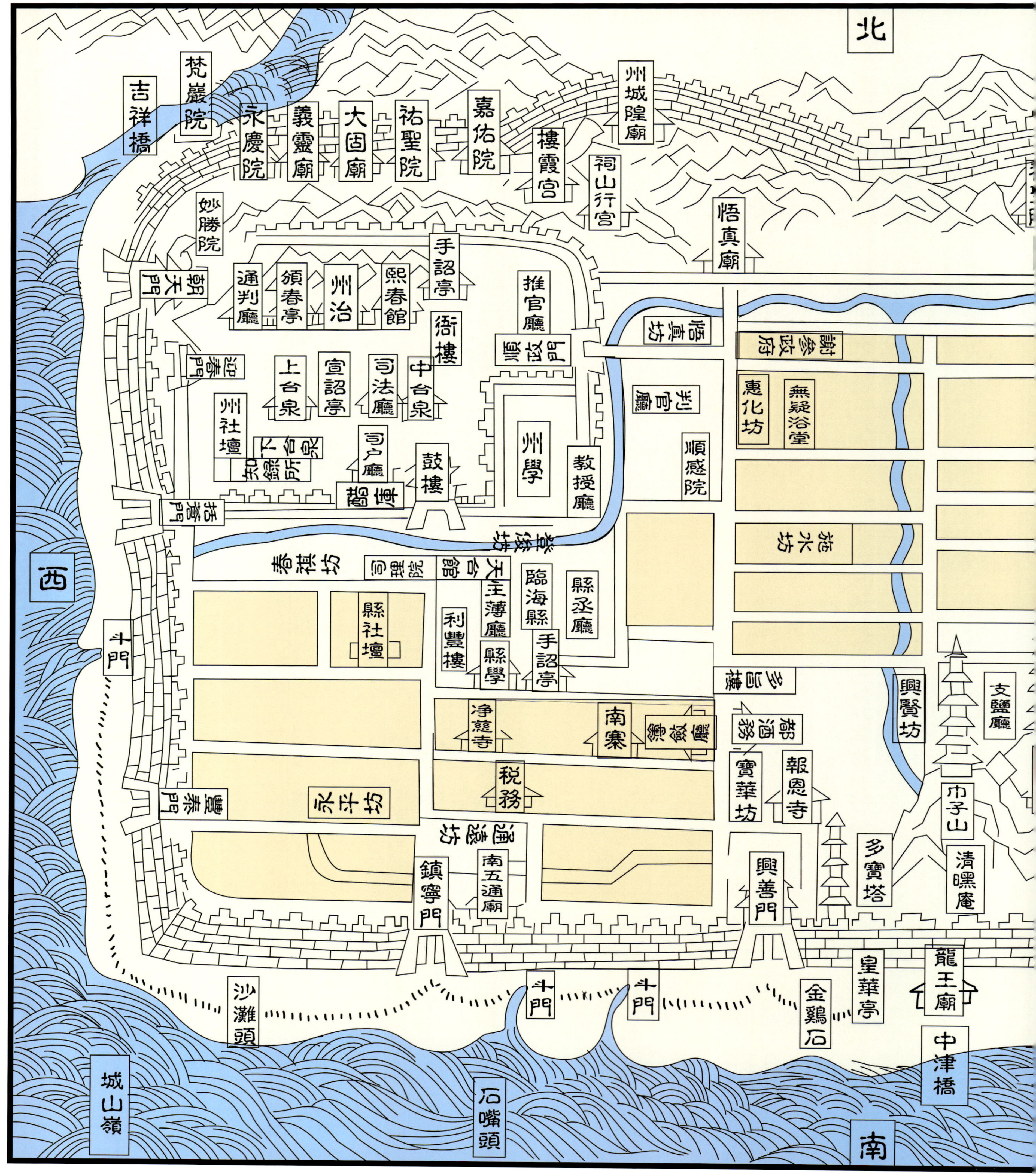

北
吉祥橋
梵巖院
永慶院
義靈廟
大固廟
祐聖院
嘉佑院
州城隍廟
棲霞宮
祠山行宮
悟真廟
妙勝院
朝天門
通判廳
頒春亭
州治
熙春館
手詔亭
推官廳
譙樓
迎春門
上台泉
宣詔亭
司法廳
中台泉
判官廳
惠化坊
無疑浴堂
州社壇
司户廳
鼓樓
州學
順感院
教授廳
括蒼門
施水坊
西
天台館
臨海縣
縣丞廳
主簿廳
縣社壇
利豐樓
縣學
手詔亭
斗門
興賢坊
支鹽廳
淨慈寺
南寨
都酒務
稅務
寶華坊
報恩寺
豐泰門
巾子山
多寶塔
清暉庵
鎮寧門
南五通廟
興善門
龍王廟
皇華亭
金鷄石
沙灘頭
斗門
斗門
中津橋
城山嶺
石嘴頭
南

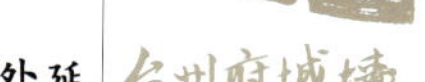

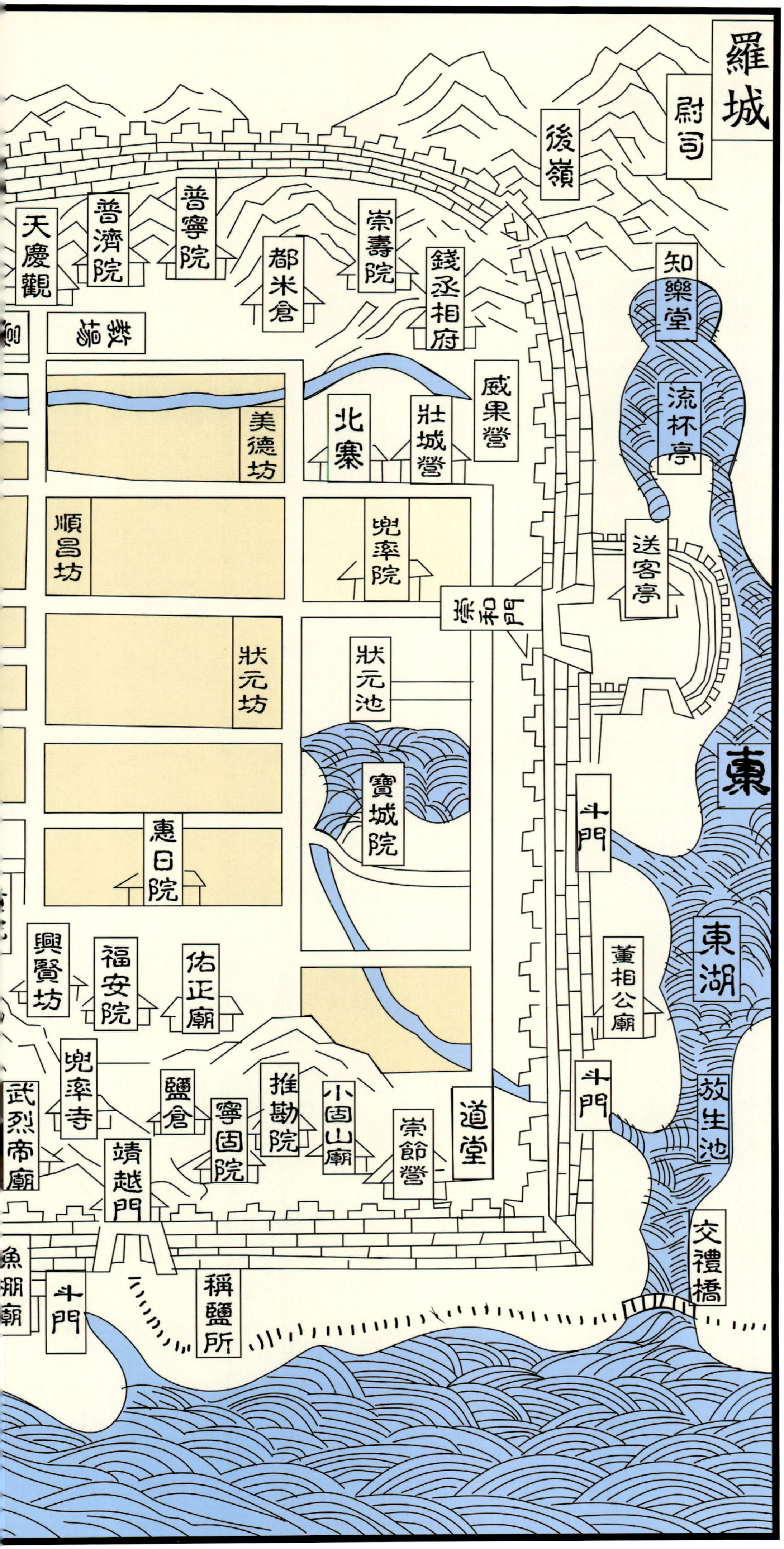
羅城
尉司
後嶺
知樂堂
天慶觀
普濟院
普寧院
都米倉
崇壽院
錢丞相府
教場
威果營
流杯亭
美德坊
北寨
壯城營
順昌坊
兜率院
崇和門
送客亭
狀元坊
狀元池
東
寶城院
斗門
惠日院
東湖
興賢坊
福安院
佑正廟
董相公廟
斗門
兜率寺
鹽倉
推勘院
小固山廟
道堂
放生池
武烈帝廟
靖越門
寧固院
崇節營
交禮橋
魚棚廟
斗門
稱鹽所

◎宋代州城图（据宋《嘉定赤城志》卷首《罗城图》绘制）

◎紫阳街之四

双凤齐鸣坊　在县治东白塔桥下。为天顺六年举人张琳、张奎立。

三世进士坊　在县治东北后街。为宣德五年进士给事中王偡、成化十一年进士广信知府王瑭、嘉靖五年进士御史王宣立。

天开文运坊　在县治东诸天堂。为成化二十三年进士佥事蒋颙立。

世持风纪坊　在县治东门街。为弘治三年进士御史戴乾、嘉靖四十三年举人宁国同知戴兴宾立。

兄弟三进士坊　在县治东北后街。为弘治六年进士河南参政秦文、十二年进士御史秦礼、正德十二年进士监察御史秦武立。

百岁坊　在杨柳巷。为李邦亮立《府志》。

丹桂联枝坊　在县治南腊巷口。为弘治五年举人陈垣、正德九年进士福建参政陈子直立。按《洪志》作"为壬午举人陈三槐、男崇祯甲戌进士陈函辉立"。

百岁坊　在县学西。为弘治六年进士祭酒周玉立。

瀛州世选坊　在县治东北后街。为弘治十八年进士布政蔡潮、嘉靖八年进士刑部尚书蔡云程立。

◎明台州府城图（见临海市博物馆藏清抄本明谢铎纂《赤城新志》卷一）

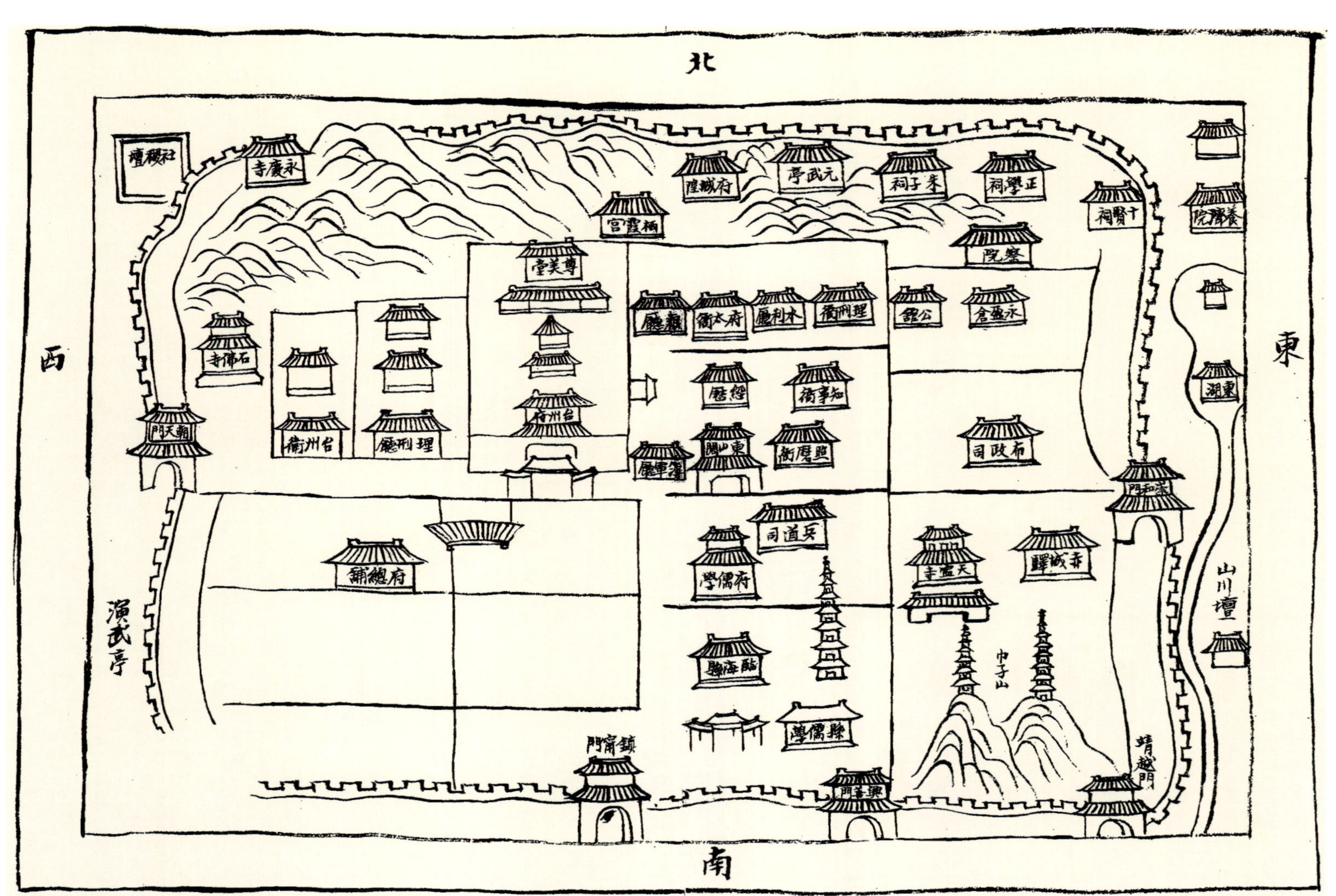

清台州府城圖

據民國《臨海縣志》卷首之《臨海縣志附郭圖》繪製

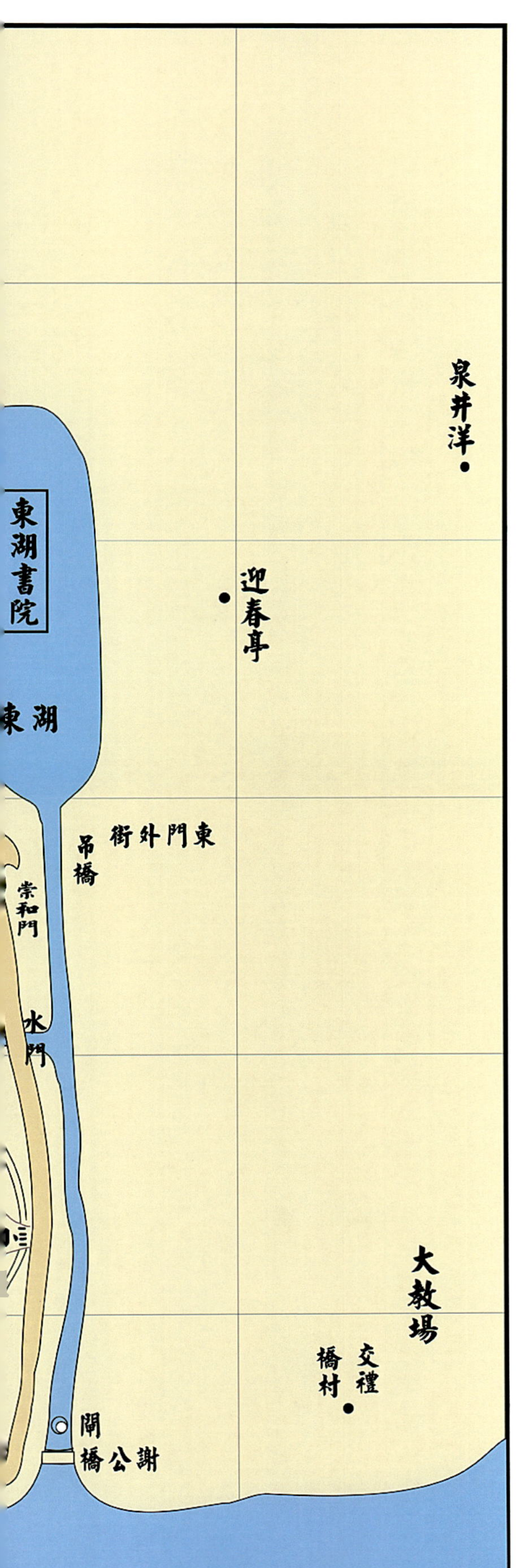

◎清台州府城图

《洪志》作“黄坊桥”，误。

文选坊　在县治南税务街口。为正德六年进士吏部郎中余宽立。

科第传芳坊　在县治东南芝麻园。为正德六年进士福建按察叶忠立。

一脉书香坊　在靖越门外。为正德十六年进士参政王洙立。

父子四进士坊　在县学西。为正德九年进士提学副使金贲亨、嘉靖二十九年进士工部侍郎金立敬、四川副使金立爱、嘉靖三十二年进士兵部郎中金立相立。

清白承家坊　在县学西。为金氏立。

百龄一品尚书坊　在县治东北校士馆前。为仙居应大猷立。已圮。

世沐天恩坊　在靖越门外一里江下。为正德十六年进士参政王洙立。按《洪志》又有“一脉书香”坊，在靖越门外，亦为王洙立。

储宫辅导坊　在县治东北后街。为嘉靖十一年进士编修秦鸣夏立。

宫保尚书坊　在县治东北美德坊。为嘉靖八年进士蔡云程立。

四俊坊　在县治南炭行街。为嘉靖四年举人王宣、余沄、钱楞、李璘立。

解元坊　在县治南炭行街。为嘉靖十三年解元思恩知府张志淑立。

尚书坊　在县治东北校士馆。为嘉靖十四年进士兵部尚书赵大佑立。

宾荐坊　在县治东北黄坊桥。为嘉靖十六年举人蔡宗尧、吴翰、胡子重、邵良翰、应镳、金立敬、包应麟、王怀愚、叶恒嵩、余世英立。

解元坊　在县前，为嘉靖七年应天解元许仁卿立。

状元坊　在县治东北校士馆前。为嘉靖二十三年状元秦鸣雷立。

尚书大魁宗伯坊 在县治东北状元坊。为嘉靖二十三年状元礼部尚书秦鸣雷立。

奕世元魁坊 在校士馆前。列秦氏一门科举。

七藩节镇坊 在县治前。为嘉靖二十三年进士总漕大中丞王宗沐立。

天官冢宰坊 在校士馆前。为嘉靖二十九年进士尚书何宽立。

天衢五士坊 为嘉靖举人侯思古、戴汝愚、王穀、潘鸿业、顾宏潞立。

瀛洲八士坊 在县治崇和门内。为嘉靖二十九年进士尚书何宽、侍郎金立敬、副使金立爱、知府包应麟、给事中邓栋、佥事吴炳庶、参政顾宏潞、知府孙锐立。清光绪戊戌冬，旧石坊毁于火，里人吴璜等捐赀砌甓重镌。以留遗迹。

台海六鳌坊 在县治东门。为嘉靖四十三年举人周凤来、金锡祚、林一焕、何汝哲、戴兴宾、陈大用立。

德业匡时坊 在县东湖左。为万历五年进士鸿胪寺卿王士性立。

进士坊 在县治镇宁门内。为万历五年进士给事中王亮立。

鸿业初试坊 在县治诸天堂。为万历四年举人蒋承勋、王士琦、秦懋约立。

晋秩清阶坊 在县治东北小街头。为万历八年进士文选员外项复宏立。

群材济美坊 在县前。为万历七年举人项复宏、应汝稼、王士昌、陈承翁立。

安攘茂烈坊 在县治东门街。为万历十一年进士大同巡抚王士琦立。

大中丞坊 在县治东北校士馆前。为万历十四年进士福建巡抚王士昌立。

明时元凯坊 在县治南炭行街。为万历辛卯举人王万祚、王立程、钱凤墀、周必超、王熙敬立。

明时五凤坊 在县治北黄坊桥。为万历十九年举人吴执御、彭世焕、王如春、章应科、徐子瑜立。

顺便说一下，子城仅有的遗存东门与门东山阁，在明代仍沿旧称，此明邢宥所撰之《重修东山阁记》[19]可证。但是到了明末（或清初），当地百姓已称之为鼓楼了，这在康熙《台州府志》卷首的《府治图》中同样得以印证。

清代大体与明代相同，但也有一些变化。

首先是城墙本体，康熙五十一年（1712）台州知府张联元在沿江的靖越、兴善、镇宁、朝天四门加筑了瓮城。康熙五十九年，张联元又在府衙大门之上加建门楼，称德风楼。

清康熙年间，坊数大大减少，城内由嘉靖时的五十四锐减至十九，分别是：

积庆坊 在城东，旧为状元坊，后改。有巷四：曰宝城，曰慧日，即慧日院地，后为邓巷，以给事栋故居也；曰大营，曰鲤鱼，即李儿。

平乐坊 在城东今升平铺。巷三：曰东门街，曰周家，曰道堂。

广文坊 在城东旧户曹巷，以郑虔为司户居此，故名。有巷曰：曰上草，曰中草，曰香桃，曰犂泥，

台州府城现状图
据1986年出版之《临海市地名志》绘制
比例尺
1:10000
0 100 200 300
北固山
东湖
城关
市轻机厂
后岭下
后山村委会
后山小学
中百仓库
后岭殿
三六医院
台州大修厂
市明胶厂
地土产仓库
油库
地物资局
橡胶厂
市皮革厂
市电机厂
市打井队
市塑料厂
邮电器材厂
市卫校
普贤寺
气象局
老人公园
市林场
回浦中学
地通用厂
地基建局
烈士墓
农机站
地粮食车队
市罐头厂
市服装厂
市乳品厂
市丝绸厂
地法院
望天台
台州卫校
台州师专
台州中学
技校
儿童公园
龙眼井
针织厂
教师进修学院
地卫生局
暂商小学
北山路
农业局
人民广场
市党校
地党校
市幼儿园
朱坊涂村
人民影剧院
台州军分区
游泳池
通源亭
博物馆
皮件厂
黄坊桥
市广播电视局
官桥头
市体委
球场
半勾亭
湖心亭
九曲桥
家用电器厂
预制场
水位站
西门
古楼村委会
台州医院
市教育局
市水电局
东方红小学
市水产局
检察院
市商业局
市民政局
台州影剧院
临海市人民政府
市法院
东湖村委会
古楼
邮电局
市酒厂
大成殿
台州行署
邮政门市部
地招待所
二百商店
人民大会堂
市招待所
湖滨小学
台州邮运站
加油站
白塔桥
副食品商店
市中医院
吊桥头
东湖旅馆
地物资局
市物资局
街心花园
市文通局
东湖新村
市人武部
市水厂
市公安局
市三中
市绣衣厂
市卫生局
市农机公司
洗菜桥
临海客运站
六统住宅区
望江门大桥
城关中心小学
新华书店
湖心公园
地监理所
人行
东风棉织厂
市医院
台州电影院
中山小学
台州公路总段
市防疫站
地电力公司
地科委
地环保
市总工会
草编厂
蔬菜村委员会
市建予制场
台州印刷厂
市电力公司
镇灵岩
临师附小
台州饭店
天宁寺粮仓
下桥新村
食品仓库
冷冻厂
货运站
茅庵岭
生资仓库
煤球厂
大塔
小塔
三元宫
临师
大校场
灵江村委会
千佛塔
南门
南山殿
毛猪仓库
奶牛场
灵运
牛市场
煤场
客运码头
下桥村委会
剧院
文教用品
市航管所
灵江一桥
巾山村委会
灵江山

◎台州府城现状图

即尼巷，又曰若齐。

青云坊 在城东北。巷三：曰班巷，曰白酒营，曰小街头。

永德坊 在城东南。巷三：曰黄甲，曰杨柳，曰新开。

会通坊 在城南。旧为通远坊。街三：曰县前，曰县学前，曰县城隍。巷五：曰龙须，曰永宁，曰永盈，曰芝麻园，曰蜡巷。

宝华坊 今名雨华铺，以天宁寺名。巷三：曰二井，曰税务街，曰天宁寺前。

迎春坊 在城西。巷五：曰卫前街，曰五所，曰西营，曰小井头，曰大井头。

仁义坊 在城西南。巷三：曰石人，曰王胡，曰帽头街。

三台坊 在城西南。巷二：曰田婆，曰施霞。

萃英坊 在城南。巷三：曰四顾、曰双桂、曰炭行。

美德坊 在城东北。巷五：曰后街、曰威果营、曰樟树下、曰第三营、曰第十营。

悟真坊 在城北。巷三：曰府城隍街、曰清平、曰鹳桥。

寿台坊 以寿台楼名。街二：曰镇宁庙前、曰鼓楼下。

顺政坊 在城中。街巷三：曰州桥头、曰有澜、曰樱珠。

清河坊 在城中。巷四：曰白塔桥、曰诸天堂、曰德清、曰荣棠。

奉仙坊 在城中。巷二：曰元坛庙、曰邬宅营。

永宁坊 在城中。巷二：曰卖茆桥、曰天灯巷。

文锦坊 在城西南。巷二：曰棋盘街、曰弓巷。

雍正间，制度有所改革，原来的坊改之为庄，以往的十九坊，改为十二庄。

东南片旧有坊五，改革后合并成三庄：

升庆庄 下辖东门街、嘉爵桥、道堂巷、州营巷即旧平乐坊、上宝城巷、下宝城巷、李儿巷亦作鲤鱼巷、大营巷并旧积庆坊、香挑巷即旧广文坊。

永寨庄 辖会龙桥、小固岭、巾山后、三眼井、东殿前、新开巷、上赵巷、下赵巷、杨柳巷、丹桂连枝、方井头并旧永德坊、中草巷、上草巷即旧广文坊。

雨英庄 辖炭行街即旧萃英坊、小营巷、天宁寺前、四眼井、南山岭脚、税务街、三抚基、兴善门、二井巷并旧宝华坊。

西南片旧有坊四，变更后亦合并为三庄：

文台庄 辖棋盘街、弓巷、南门并旧文锦坊、杨巷、碗盏巷、施霞巷并旧三台坊、帽头街亦名西市、王胡巷并旧仁义坊、四顾巷即旧萃英坊。

县通庄 辖县前街、县城隍街、县学前街、九曲巷、永宁巷、永盈巷、登瀛巷、左营巷、大龙须巷、小龙须巷、蜡巷并旧会通坊，即通远坊。

仁学庄　辖府学前街、狮子桥即旧登俊坊、石人巷、砚瓦池、西墅蟹井并旧仁义坊、元帅殿、中营巷并旧三台坊。

西北片旧有坊六，变更后合并为三庄：

仁白庄　辖州桥头、有澜巷即旧顺政坊、大街头、白塔桥、诸天堂、德清巷、棠棠巷即旧清河坊。

府岳庄　辖东岳庙前、虎弄街、王方桥即横坊桥、五凤坊、府城隍街、　红牌门、麒麟桥、洗马池即分水桥、并旧悟真坊、樱珠巷即旧顺政坊。

春石庄　辖镇宁庙前、鼓楼下、府前即旧寿台坊、卫前、五所巷、预备仓、西营、小井头、大井头并旧迎春坊。

东北片旧有坊六，变更后同样合并为三庄：

迎仙庄　辖元坛庙、邬宅营、紫阳宫即旧奉仙坊、天灯巷、卖茆桥、米筛巷即旧永宁坊、若齐巷亦名荸泥巷，即旧广文坊。

旧仓庄　辖白云山、黄泥塘、三奇街、学士塘、第三营即旧美德坊、　鹳桥即旧悟真坊。

文街庄　辖后街、威果营、樟树下、第十营并旧美德坊、班巷、白酒营、小街头即旧青云坊。

另外，城郭外有设三坊，变革后合并成二庄：

东郭庄　辖东门外街、山川坛、洗菜桥、泉井洋、山宫洋、山宫溪、水磨坑、后岭。

西郭庄　辖交礼桥、天妃宫、江厦街、竹江岸、西门外、朱方涂。

应该说明的是，这一次改革仅仅是基层行政体制方面的变更，城市建设的格局并无变动。

民国时期府城完全保持着清代格局，最明显的变化就是民国 23 年（1934）因建汽车站于天宁寺侧，出于交通需要，沿着巾山北麓建造了一条入城公路。再则就是府衙于民国 3 年（1914）整体为邑人屈映光所购。后来，部分房屋用振华中学校舍，部分成为大华酱园店坊，部分成为台州公立医院用房。解放后台州医院扩大，府衙全部纳入医院范围。

中华人民共和国成立后，随着城市建设的发展，城内格局变化较大。较为重要的有：

一是 1954 年将文庆街拓宽至 8 米，长 772 米，是解放后府城内形成的第一条马路，故当地群众呼为“新马路”，“文革”时，名“反修路”，1981 年恢复“文庆街”原名。

二是台州府城东城墙在 1958 的大办钢铁运动中被拆，城砖被用为建造炼钢的小高炉。后来沿城址建设成为现代化道路，“文革”期间称“卫东路”，1981 年将北段改为“东湖路”，宽 17 米，长 400 米；南段更名“大桥路”，宽 17 米，长 622 米。

三是同年将东门直街、蓉塘巷、白塔桥等街巷组合扩建成“新开街”，“文革”期间改称“大寨路”，1981 年更名“回浦路”，宽 22 米，长 1268 米。将鲤鱼巷、杨柳巷、永宁巷扩建为“跃进路”，宽亦 22 米，长 840 米，1981 年更名为“巾山路”，1983 年又扩建西段至灵江边。将天灯巷、卖猫桥、河头直街等扩展为成“大庆路”，宽 27 米，长 1264 米，1981 年更名“赤城路”。这是当代老城区城市格局最大的一次演变。

四是将旧仓头、鹳桥头、道司前、黄坊桥、东岳庙前等街巷连贯改建成“广文路”，宽 8 ~ 4 米，全长 610 米，“文革”间曾名为“军民路”，1981 年恢复“广文路”旧名。

五是为了解决台州医院的交通问题，2010 年将府前街北段拓宽至 13.3 米，路长 180 米[20]。

府城内的建筑现状，总体而言，赤城路以东改变较大，现代建筑约占 70% 以上；赤城路以西则较好地保留了历史建筑，明、清、民国建筑保留在 70% 以上。现代建筑突出的有老台州行署、台州医院、粮贸大楼以及老市一医院、临海中学等。

总而言之，由于历史文献的不足，我们对台州府城历史格局的掌握和了解是不全面的，特别是唐代的状况如何，几乎接近空白，而本文对“历史格局”所叙述的内涵，部分有所外延。尽管如此，通过爬梳，抛砖引玉，亦能进一步加深我们对台州府城历史文化内涵的了解和认知。

注：

[1]、[2] 宋陈耆卿《嘉定赤城志》卷二《城郭》。

[3] 参见周琦《揭开龙兴寺千古之谜》及台临方志。

[4]、[5]、[6]、[7] 宋陈耆卿《嘉定赤城志》卷二十七《寺观门一》。

[8]、[9] 宋陈耆卿《嘉定赤城志》卷三十《寺观门四》。

[10]、[11]、[12] 宋陈耆卿《嘉定赤城志》卷三十一《祠庙门》。

[13] 宋林表民辑《赤城集》卷一元绛《台州杂记》。

[14] 明李时渐辑《三台文献录》卷四。

[15]、[16] 明谢铎辑《赤城后集》卷二。

[17]、[18] 明谢铎辑《赤城后集》卷四。

[19] 见明谢铎辑《赤城后集》卷六。

[20] 以上均见 1986 年内部刊印之《临海市地名志》。

二、台州府城的民风民俗

（一）

民风民俗，是一个地方历史文化长期沉积的结果，它最能体现一个地方的生活特色和文化底蕴。人们的礼仪交往、婚丧嫁娶、经商求学、修桥造屋以及衣食住行，无不依循着民风民俗的生活准则，是宝贵的非物质文化遗产。一个具有深厚文化底蕴的地方，其民风民俗必然淳厚质朴、多姿多彩。有着千余年历史的台州府城临海，便是一个良风美俗流传悠久，具有鲜明地方特色的古老城市。

两汉三国时期，是台州良风美俗的启蒙阶段。明人谢铎《赤城新志·卷四》载："台虽扬州之域，在瓯越万山之中，而东薄于海，汉唐以前，犹号僻左。""汉元封初，徙东越之民于江淮而空其地，则是时台犹在荒服中，风气尚未尽开，民俗尚未尽变。至三国时，郡人始有为尚书仆射，以忠节自奋者，则士风俗尚殆将非复曩昔比矣。"

隋唐以来，对台州的民风民俗作过巨大贡献，并有文字明确记载的，恐怕非唐代的郑虔莫属了。被唐玄宗称为"诗书画三绝"的广文馆博士郑虔，因受安禄山之乱的牵连，被贬谪为台州司户参军，在台七年。据民国《台州府志》载："虔选民间子弟教之，大而婚姻丧祭之礼，小而升降揖逊之仪，莫不以身帅之。自此民俗日淳，士风渐振焉"。台州能够"民俗日淳，士风渐振"，我们可以毫不含糊地说，当归功于广文博士的"以身帅之"。那时，台州的确是民风淳朴，淡泊名利，正如民国《台州府志》引宋《风土志》云："隋唐以来，士不以功名为念。宋兴，文物之盛，始读书务学，相踵登第。"

两宋时期，台州的民俗演进与几位行政官员有关，如北宋仁宗皇祐年间任仙居县令的著名学者陈襄（1017～1080）到任之后，即专门颁布了《劝俗文》，他说："为民者，父义，母慈，兄友，弟恭，子孝。夫妇有恩，男女有别，子弟有学，乡闾有礼。贫穷患难，亲戚相救，婚姻死丧，邻保相助。无作盗贼，无学赌博，无好争讼。无以恶凌善，无以富吞贫。行者逊路，耕者逊畔，斑白者不负戴于道路，则为礼义之俗矣。"[1] 其后，天台县令郑至道又作《谕俗》七篇，临海县令彭仲刚在前二者的基础上又颁《续喻俗》五篇，还有台州郡守熊克所作的《劝农》诗十首等等，这些文字与内容在台州各县互相传播，影响颇大。相对而言，宋代台州民风的较大的变革，应该是宋室南渡之后了。《嘉定赤城志·风土门二·土俗》："州介东南之陬，承平时号无事，里无贵客，百姓厌渔猎，不识官府。建炎后，官吏丛脞，兵旅绎骚，民生作业益艰。自是机变繁滋，有逐末而哄于争者，幸王化密迩，风雅日奏，薰郁涵浸，遂为文物之邦。"《赤城新志·风土序》亦载："至宋南渡，密迩邦畿，治化声教之所先被，大贤君子之所过化，于是风气亦随以变，而习俗之美，遂视昔倍蓰矣”。

南宋时期，台州列为辅郡，其“习俗之美”，沾了南宋定都临安（今杭州）“近水楼台”之光，耆儒硕辅、文章之士，纷至沓来，良风美俗风行城乡。《嘉定赤城志·吏役门》记曰：“乡户不足于才，而有余行，其真朴逊厚，里党多化焉。”其中，著名的教育家“二徐先生”——徐中行、徐庭筠父子在郡城临海讲学几十年，吸引了四面八方的学子，其流播之盛，理学大家朱熹称誉不已，曾赞道：“道学传千古，东瓯说二徐”，故《赤城新志·卷四》载：“方是时，台人未知洛学，而二先生已得湖学之传，而为朱子所景慕如此，则台之儒风俗尚，固已骎骎乎与上国等矣。”

淳熙九年（1182年），浙东大饥，朱熹以提举浙东常平茶盐公事办理赈济事务，七月，至台州，一面勤于公事，救荒革弊，减轻税赋，兴修水利，一面在临海、黄岩等地广结师友，传播理学，一时从学者蔚然成风。民国《临海县志》卷七引明人宋濂《宋景濂集》记载：“自晦翁朱子绍伊洛之正绪，号为世适，益衍而彰，传道而受业者，几遍大江之南，而台为特盛”，“师友渊源，益浚而洪，益扩而大，伊洛之学，彬彬於台，家诗书而人逢掖，宛然邹鲁之遗风矣。”概括而言：“其人朴静，其俗俭约。”[2]

元代开始，台临风俗渐趋浮靡，与宋大异。明代宁海人方孝孺《逊志斋集》是这样说的：“在宋中世，相高以文辞；逮乾道、淳熙，闻大贤君子之风而悦之，重道德，尚名节，褒义危巾，讲论性命，言行必本乎礼义，闾巷之间弦诵之声相接；元以功利诱天下，众欢趋之而习于浮夸，而宋之旧俗微矣”。

到明朝建立，台临风俗“一洗百年之陋俗……是吾台明初风俗之美，视宋岂不为有光哉！自是以来，百余年间，士皆激昂奋励，以礼义廉耻为先，以行检名节为贵，非下愚不移者，必不屑自弃于贪墨躁竞之途。民皆质直愿悫，以耕菑刍荛为生，以安土重迁为业，非贫困无聊者必不肯自堕于商贩胥徒之役。富贵之归故乡者，至城府必舍车而徒，见父老必以齿为序。强宗之称豪右者，虽或尚气，而倡之以义则从；虽或好争，而折之以礼则服。”[3]

明代士风民俗的好转，从邑人、曾任都察院右佥都御史、巡抚福建的王士昌《平图记》中也说得很清楚：吾乡“土瘠人窳，然其先多贤，俗尚忠孝，喜廉让，无豪暴欺诈，故浙中称乐郊”。一个地方能达到“尚忠孝，喜廉让”，并且“无豪暴欺诈”，可见当时府城民风之淳厚质朴。我国人文地理学之开山王士性在《广志绎》卷四中也说：“台郡连山，围在海外，舟楫不通，商贾不行。其地止农于渔，眼不习上国之奢华，故其俗犹朴茂近古。其最美者……城市从未见一妇人，即奴隶之妇他往，亦必雇肩舆以自蔽”。在旧时士大夫眼里，能在这样的“乐郊”中生活，是当时府城人莫大的幸事。

清代大体沿明之旧，民国《台州府志》载：“清室定鼎以来，首重宾兴，士争自濯磨……民安俭朴，风俗几与明初等”。能做到“民安俭朴”，看来还是相当不错的。不过，从“几与明初等”这句话来看，清朝的民俗与明初相比还是有一定的差距。

进入新中国以来，府城的社会风气焕然一新，最突出的是“多子多福”的旧习惯，已彻底被计划生育新观念所代替，流行了几千年的土葬习俗，也已逐渐被人们所抛弃，像婚姻买卖、妇女缠足等恶风陋习已完全被人们革除，新的文明习俗，正被人们认可和接受，一个和谐美好的社会环境，正逐步形成。

（二）

临海是国家历史文化名城，文化底蕴深厚，台州府城的节俗文化也非常的丰富多彩，尤以元宵、中秋最有特色。

正月初一拜坟岁。农历新年第一天，民间有“拜坟岁”的习俗，全家携酒菜香烛，前往祖坟祭拜祖先，有不忘祖先之恩的意思，并祈祷祖先在新的一年里继续保佑家人平安。

正月初八“走八寺”。府城旧有“走八寺”的习俗，即在正月初八这一天走完府城八个著名的寺庙，祈求为自己带来好运。“走八寺”大约于清嘉、道年间开始流行，时间除了正月初八，也可在正月十八、二十八这两日进行。这八个寺庙有一首诗记录如下：“南有天宁北普贤，巾峰兜率两相连。中津直上湖山寺，永庆趴在石佛边。”“走八寺”时，通常先从最南面的天宁寺出发，然后沿着巾峰寺、兜率寺、中津寺、湖山寺、普贤寺、永庆院、石佛寺的路线行走。尽管“八寺”中有些寺庙今已不存，但仍有虔诚者在不懈地坚持着。

立春日“焜春”。于立春当天，家家户户在室内焚烧樟木碎屑，以其烟熏房间，其时烟雾弥漫，香气缭绕，称之“接春”，并谓此举在春气回暖时有除虫驱蛇之效。

正月十四元宵吃“糟羹”。 此为台郡独有的习俗。据传唐武德四年（621）十一月，江南一带进入唐王朝版图，在南北朝时的临海郡境域设置台州，开国大将尉迟恭坐镇台州扩建城墙。因台州治所一面靠山，三面临水，地势复杂，修筑之始塌方滑坡时现。一天晚上，尉迟恭在苦恼中入睡，梦中见一小鹿反复跳入其床上用蹄推其身体，醒来发现晨曦初现的雪地上有一行醒目的鹿蹄印。随着鹿的足迹追寻，发现刚好绕了一个大圈。尉迟恭很惊奇，忙命人按鹿的足迹筑城，工程非常顺利，故台州府城又名鹿城。为纪念小鹿指点，尉迟恭又令手下用面粉将小鹿蹄印拓下来，烘烤成形。由于太阳照射，积雪有些融化，拓下来的蹄模已不像鹿蹄，与羊蹄倒很像，故府城留传下来一种风味特色小吃叫“羊脚蹄”。随着工程进程的加快，正月十四日那天，台州城的父老乡亲看到士兵、民工在冰天雪地中筑城十分辛苦，纷纷携带粮食、酒菜等食物前来犒劳，为图省事，尉迟恭采纳一位老者的建议，将大米磨成米粉，掺上酒糟、笋、肉、菜等制成糊状的糟羹给士兵、民工当点心，使筑城速度大大加快。台州民众为纪念此事，将元宵节提前一天，改为正月十四，并家家户户制作糟羹，世代相承。

清明吃菁团。采野外新鲜的“菁”，经氽熟捣碎后，揉入一定比例的糯米粉和小麦粉，以多种菜肴切细混合炒成馅，然后包捏成团。蒸熟的“菁团”色泽青绿可爱，且有一股清香。因“菁”性温，故“菁团”放置数日后，凉食亦不坏肚。“菁团”还是清明祭扫祖墓的主要供品。故“菁团”深受吾乡民众喜爱，到时家家户户必包之。清明民间还有吃香蛳的习俗，据说，清明吃香蛳能使人眼睛明亮，故称为“亮眼蛳”。清明的活动一般可延续较长的时间，有“清明长长节，做到端午歇”的谚语。

立夏吃麦油脂。“麦油脂”由皮和馅两部分组成，其皮是由麦粉搅浆后煎成的薄饼，其馅则是由多种肉菜炒成的佐料，以皮裹各种佐料，卷成筒状，随卷随吃，也可用油煎焦黄后食用。立夏吃麦油脂谓之“醉夏”。另有用大秤来称体重的习俗，说是能驱病延年。

四月八日牛生日。农历四月初八那一天，农人以鸡蛋酒“犒劳”耕牛，并禁犁停耙，让耕牛休息一天，谓之给牛“过生日”，以迎接即将到来的农忙。并有吃“乌饭麻糍”的习俗，取南天烛叶的汁液染饭，做成麻糍，以松花粉裹其外，谓食之有健身之功效。

端午节吃粽子。在台州府城，端午节那天家家户户必要包粽子，另外还要插菖蒲、挂香囊。包粽子延续了我国纪念爱国诗人屈原的习俗，在门上插菖蒲剑，据说恶鬼见之不敢入，在身上挂香囊，则有驱病健身的效果。此外，还要在庭院四周喷洒雄黄酒，谓能驱虫避邪，并以雄黄酒涂抹孩童耳鼻，或在额头写“王”字。

六月六吃烊糕。农历六月初六那天，吃米粉做的烊糕和馒头，谓能打毒。还要翻晒衣服与书籍，防霉除虫。并有“六月六，小狗洗洗浴”的习俗。

八月十六过中秋。这种风俗的核心地是台州，外延地有温州、宁波和舟山。据传，元至正八年（1348）十一月，以浮海贩盐为业的黄岩人方国珍被仇家诬告私通海盗，遂组织亲友拒捕，杀死巡检及仇家，逃亡海上。借元末各地纷纷起义之势，与兄国璋、弟国瑛、国珉聚众千人而起事。方国珍充分利用自己超群的航海技术和组织能力，数次大败元军，至正十二年（1352）八月攻占台州（临海）。其后方国珍屡叛屡降，十七年（1357）为江浙行省参知政事，控制浙东台州、庆元（宁波）、温州三路，成为元末浙东一支举足轻重的割据力量。方国珍对母亲周氏极为孝顺，惜其母在其起事不久即病故。方国珍得势后为怀念母亲，特在其割据区域将中秋节八月十五改为其母的生日八月十六，相沿成俗。

九月九吃“重阳糕”。“重阳糕”亦叫“糖糕”，由糯米粉做成，嵌以栗子，蒸熟后浇以糖浆，香糯可口。另有重阳登高的习俗。

冬至吃“擂圆”。“擂圆”由糯米粉做成，里面空心，比一般的汤圆大，煮熟后外面滚以拌有红糖的黄豆粉。“滚”，吾乡言“擂”，故称“擂圆”。并有于冬至日祭祖的习俗。

除夕“守岁”。这是一年中最隆重的节日，除全家团聚，享用丰盛的年夜饭，一家老少“守岁”之外，还有每个房间燃灯达旦，谓之“间间亮”，祈求来年生活充满光明。除此之外，家长必须给每个孩子分发“压岁钱”。

（三）

除了上述各种传统节俗外，府城还流传下来许多民间表演艺术，其中比较有代表性的有：

唱词调。临海词调又称台州词调、才子词调、仙鹤调，发端于南宋海盐腔，主要流传于台州府城——临海，并流传于黄岩、椒江（原临海县海门镇）、天台、仙居、温岭等县（区），已有近500年的历史。在漫长的岁月里，它不断吸收、融化南戏、昆曲和当地民间小曲等曲种的声腔、旋律，结合本地方言，逐渐演变而成，是明、清江南说唱艺术在临海的遗存。

临海词调是一种文人雅士自娱性的坐唱曲艺形式，在演唱和演奏时，参加的艺人人数不限，

◎国遗名录《临海词调》之一

◎国遗名录《临海词调》之二

◎细吹亭

◎国遗名录黄沙狮子之一

◎国遗名录黄沙狮子之二

可多可少，有时十多人，有时八九人。他们常常在风清月白的夜晚，集结一起，盛装出场，团团围坐，手持丝竹乐器，自拉自唱，逍遥自在。每逢佳节，则轮家演唱，相互唱和，陶醉其中，有极强的自娱性。有时，艺人们也受邀为富家贺喜祝寿宴后助兴，每次只表演一、二出戏，多则谢绝，唱后分文不取，但主人须盛宴招待，以示身份高雅。后期，也有家境贫寒的艺人，以演唱词调为生，他们在传统佳节或夏季夜晚人们纳凉之时，登门演唱，收取银钱。演唱一唱三叹，自然圆润，沁人心脾。

临海词调的唱腔、念白，以台州书面语为主，偶尔也有苏州白。讲究“字清、腔圆、音准、板稳”八个字，句句有神，字字有功。演唱者多有较高的古典文学修养，颇有贵族化味道。由于曲高和寡，听众有限，故演唱范围较小，民国后期才开始走向普通大众。

临海词调在演唱中有生、旦、净、末、丑等行当，但不像其他戏曲那样分工严格。在 1935 年前，词调均由男子演唱，追求声腔变幻多彩，以小嗓唱旦角，粗嗓唱花脸，力求腔圆音正，洋溢感情。后来台属六县联立女子简易师范学校女生加入学习，扮演角色，开创了女子登台演唱临海词调之先河。词调演唱中，各角色还要兼任乐队演奏任务，如旦角往往负责檀板。演唱者的表情要随情节和人物性格的不同而变化。

词调演奏的丝竹乐器有二胡、洞箫、竹笛、琵琶、三弦、扬琴、檀板、碰钟等，而以二胡、竹笛、琵琶为主打乐器。后来根据某些节目剧情、气氛的需要，增加了笙、大胡，个别剧目里还出现了粤胡等乐器。

词调常用曲牌有 30 多种，主要有《男工》、《女工》、《平和》、《水底泛》、《醉花阴》、《大庆寿》等。《浪头》（有半浪、长浪）多用于演唱开头所谓过门。《急板》一小节为一拍，速度较快，多用于情绪激昂时演唱。还有《旦引》、《琵琶引》、《尾声》均属散板，多用于节目的开头和结尾。词调曲调的节奏以中板、慢板为主，旋律柔和婉转，清幽飘逸。

2005 年 5 月，临海词调被浙江省人民政府公布为第一批浙江省非物质文化遗产代表作名录，2008 年 6 月，国务院公布临海词调（曲艺类）为第二批国家级非物质文化遗产名录。

赏细吹亭。细吹亭是临海闹元宵时最受古城百姓喜爱的民间艺术，为临海独创，它产生于清嘉庆年间，距今已有 300 多年历史。据考证，细吹亭为清嘉庆年间郡城临词调集社，从事细吹亭的制作，元宵节时竞相献艺。因亭子造型古朴华丽，制作精巧，而且行游时伴有清丽婉转的江南丝竹，精致典雅而不失其大方，故名“细吹亭”。

亭的结构分上、中、下三层。底盘有四腿虎脚落地，四面雕龙狮图。中间是四面（或八面）花窗，窗两边是琉璃片，四边书有四副对联，以示吉祥如意。四面窗楣有四条精雕的金龙，神态如生。中挂气灯一盏，下有香炉一樽，出游时，檀香薰燃，香气袭人。上部为顶架，用真丝绣成丹凤牡丹图，四面角挂十六盏明珞灯，并张批绣有芝兰芳草或山水人物的锦缎做霞帔。

细吹亭出游时，由八人抬杠， 有一支丝竹小乐队，计有二胡四把、京胡二把、笙二支、横笛二支、洞萧二支、碰钟二副、琵琶一架、扬琴一架、三弦二把，乐队一般为十八人左右。乐队人员男的穿绸缎长衫马褂，女的则穿拖地长裙和宽袖上衣，同行漫游。乐队常用临海词调的特定曲目，如《将军令》、《梅花三弄》、《六十四板》、《拜新年》，以及《步步高》、《娱乐升平》、《霓裳曲》、《木兰辞》、《雨夹雪》等二十余首。

每逢台州府（临海）正月十四日元宵之夜，各种花灯、民间艺术、杂耍艺人、特色小吃一古脑全集中在府城道司里校场，俗称“十四夜闹花灯”。校场中不但有大、中、小型的鳌山、宝船、金猴、狮子、龙、楼台亭阁等造型花灯，更有独具临海特色的锣鼓亭、闹皇船、古城高跷、花鼓、莲花落、抬阁、腰鼓、秧歌等，济济一堂。古城人声鼎沸，热闹非凡，万人空巷。

约么过了两个时辰，当闹花灯结束时，古朴华丽、玲珑剔透的细吹亭，随着一组清丽婉转的悠悠词调曲目，自远而近，如同仙乐飘落人间，古城里弄街巷刚歇息的人们和店家在震耳的铿锵热烈踩街之后，又重新开户，一睹姗姗来迟的细吹亭芳容。2008 年 3 月，台州府（临海）正月十四灯会被确定为浙江省首批民族传统节日保护基地。

听道情。道情是临海民间口传身授的地方曲艺演唱时，演员左手握竹板，怀抱“道情筒”，右手击拍筒面，拍打时发出“蓬蓬”响，道情筒长约二尺，涂红漆，圆筒一头蒙上一张猪油皮，在说唱中，常根据内容情节自由发挥，击出快慢轻重不一的节奏，以刻画人物的性格、情态，乡土气息十分浓郁。表演场地不拘，在街角边、门庭前、廊檐下，以独坐或站立演唱为主，唱词以三字、五字、七字道白，大多自编自唱。道情的演唱曲目繁多，既有即兴编唱，也有传唱民间传闻，甚至全本戏文。最著名的演唱曲目为清代流传的《金满大闹台州府》。旧时演唱者均为男性穷苦人，大多为盲人或残疾人，用来沿街卖艺、乞讨谋生，现如今多用来倡导社会新风尚、宣传新人新事，展示乡土民情为主，广受百姓特别是老年人的欢迎。

闹皇船。闹皇船是临海民间表演形式之一，在临海有一定的历史。活动所用道具“皇船”的骨架由竹子制成，成船状，底部中空，外部糊以彩色绸布，再施以各种装饰。表演时由一位年轻女子站立船中，手执彩船两舷，以脚行走。船旁有一船夫手持木桨作划水状，根据剧情，配合船中女子表演各种动作。

踩高跷。此项活动在清朝光绪年间就已经在府城流行开来。每逢传统节日，都会举行踩高跷表演活动。高跷一般高 1.5 米—2 米，表演者装扮成戏剧中的人物，手拿各种道具，一边沿街行走，一边不断变换队形进行表演。

注：

[1] 见宋陈耆卿纂《嘉定赤城志》卷三十七。

[2]《大清一统志》卷二九七引宋吴子良《州学记》。

[3] 明谢铎《赤城新志》卷四。

三、台州府城的历史建筑

台州，隋唐以降素是我国东南的重镇，历史文化底蕴丰厚，至今仍成片保存着众多青砖黑瓦的古宅群和纵横交错的古街古巷，老城历史风貌较为完整。这些错落有致的古建筑与古城墙古塔群相得益彰，是台州府城文化遗产的组成部分。现就主要历史建筑和民居分述于后。

（一）公共性历史建筑及其文化

文庙

文庙，民间俗称孔庙，是祭祀先师孔子和教育培养学子的地方。明清时代，台州府城有两座孔庙，即府学和县学。县学孔庙已不复存在，只留一块“文武官员人等下轿下马”的石碑。府学孔庙就是现在回浦路的孔庙，原来规模比现在还大，前有牌坊、泮池和欞星门，因回浦路扩伸，孔庙面积有所缩小。现在的孔庙是2003年重修，整体布局仍以大成殿为中心，前有大成门、名宦祠、乡贤祠、东西两庑、杏坛和露台，后有明伦堂、启圣殿，总建筑面积2000多平方米。其中的大成殿属清代建筑，内部保留着康熙十三年（1674）、四十七年（1708）和同治六年（1867）修葺的痕迹，是府城最古老的木结构公共建筑。2003年整修只对严重霉烂的部件进行替换和全面油漆，整体建筑仍保持原来风貌。大成殿为五开间，宽21.3米，进深21.3米，高18.4米，重檐九脊歇山顶，双重翘角，气势宏伟。尤其大气的是殿内八大柱，每柱高10米、柱径1.6米。据有关专家考证，台州文庙大成殿比衢州南宗孔庙要高，是全国保存较好的高大孔庙之一。

文庙府学，是古代台州地方最高学府，它为台州培养人才作出了贡献。据庙内展示的《科举制度与台州》资料看，台州从唐到两宋时期，有621名举子考中进士，至明清共中进士993名，其中状元3名，榜眼3名，探花3名。还出过6位宰相。文庙府学，是台州历史上人文鼎盛的见证。

◎台州府文庙

鼓楼

鼓楼原为子城东门与门楼的合称，旧名东山阁，是一座历史悠久的子城城楼。子城始建年代不详，毁圮时间也很早，现今仅剩下这座城楼成为府城政治中心的惟一象征性建筑了。据宋陈耆卿《嘉定赤城志》卷二记载以及卷首《罗城图》标示，在宋代和宋代以前，子城有东、南、西三门，南门称谯门，门楼称鼓楼，是古时打更谯鼓的地方。到了宋末元初，子城被拆，南门和西门也不复存在，只有东门大概因为“形势”（俗称风水）的关系得以保留。东门旧名顺政门，门楼旧名东山阁，一直沿称到明代，明台州知府邢宥曾修缮过这座城楼，修毕以后还亲自撰写了一篇《重修东山阁记》，现仍保留在明谢铎所辑的《赤城后集》卷六之中。约略从明代后期开始，东山阁逐渐演变成更鼓楼，清康熙六十年（1721）郑士章所绘的《府治图》已赫然标之为鼓楼了（图见康熙《台州府志》）。据年长老人回忆，鼓楼于 1915 年被大火所焚，同年重建。重建后的鼓楼风格与原城楼迥异，是一座波斯与现代形式相结合的砖木结构三层楼。但由于其基础是跨街拱城门，三层楼显得特高，站在楼上可一览全城。鼓楼共 8 开间，外观是东西朝向，实为南北开门，层层四面开窗，建筑别有风度。楼的内结构是下层、中层连体通间，上层走道在当中两边分间。民国时期是临海城的公共活动场所。解放以后曾是临海报社和临海广播站办公地点。现在是临海名城研究会办公用房，二楼辟为展厅，不定期举办草根文化览展。

鼓楼城门历史亘古，其上重建木楼也有近百年历史，它是府城古街上的知名建筑。

◎ 西门街与鼓楼

紫阳街防火墙

紫阳街是台州府城保存最完好的历史古街，屹立在街中的一道道拱券门，别具风姿，被北京专家赞为台州古街的特色。其实，它不称门而是跨街防火墙，是我们祖先在城市建设中的创举。紫阳街和西门街是府城历史上最繁华街区，临街建筑寸土寸金，这种屋接屋的密集骑楼，一旦失火就连片遭殃。防火墙是针对骑楼的消防墙，每隔 50 米或 100 米一堵，因为要跨街建筑，于是就设计了这种牌门式拱券门，成了古街建筑的特殊美。

◎紫阳街防火墙

防火墙建筑从其消防功能出发，墙体高大，厚实无华。以白塔桥清河坊墙为例，墙高约 8 米，长 40 米，厚 0.4 米，基础 2 米实叠，上面开砖合斗，墙顶薄砖出檐，伏状脊栋两头呈翘。跨街拱门阔 4 米，高 3.5 米，竖砖券拱，蛎灰粉面，门上设暗梁，梁下饰八结图案，梁上正反面设画框书“清河坊”三字。拱门和坊名为防火墙增添了文化色彩。防火墙的始建年代，从墙上的坊名推测可能始于明代，但多数建于清代。据老辈相传，清咸丰六年（1856）和光绪十七年（1891），府城曾发生两次特大火灾，先后烧了近千间房屋，知府李鸣梧拨款建造了九堵防火墙，每墙高三丈一尺，厚一尺半，长三四丈或五六丈，拱门高一丈四尺。防火墙高过街道房屋，有效防范火灾蔓延，这在缺乏现代消防设备的时代，是一种比较科学的消防设施。

防火墙是城市建设的产物，数百年来，一直发挥着重要作用，备受人们保护。如今在紫阳街和西门街尚保存八堵防火墙，它的功能已演变为展示特色建筑文化，常有美术爱好者和带画夹学生在它面前写生。

台州行署大院

坐落在回浦路西段的原台州行署大院，是传承台州 1400 余年行政中心象征性建筑。大院建于

◎ 台州行署大院

1952 年，是上海同济大学建筑师设计的仿苏办公楼群。建筑分中心主楼和配套副楼。中心主楼为钢筋混凝土砖砌三层楼，共十三开间，中五间下层楼面设圆柱跳台，下为敞廊上为阳台，一楼、二楼为会议室，东西各四间底层内廊在前，二、三层内廊在后，东西木楼梯相向互通。主楼两头设套间，二层套间辟小阳台。上下布局科学，整体造型壮观。副楼是砖混结构两层建筑。共六座环主楼前广场对称排列。副楼设计新颖，即东楼既朝南又朝西，西楼既朝南又朝东，每座楼四开间呈 L 型，角弯处设单立柱小跳台，下为厅廊上为阳台，上下层都一厅四室，厅后盘梯上楼，结构严谨，配套别致。主楼和副楼间都铺石板步行道，环楼种植剪平绿化带。大院中心辟有 1000 多平方米面积的广场，环境幽静美观。

台州行署大院办公楼群（包括附房）总建筑面积 5000 多平方米，是解放初期府城最好的建筑，直至今天仍风貌如初。为了保护这座颇具历史意义的建筑群，现已公布为市级文物保护单位永久加以保护。

岑震元国药店号房

岑震元国药店号房地处紫阳街 385 号，是一座门墙院落式店居两用建筑。其特点是门墙高过店房，墙上“岑震元”三个直书金字，显示历史文化。门墙里的建筑是院店一体，院是店店统院。房屋形式是正面三间骑楼式店房，后面微型小院落。店房深 10 米，上下层都用梁担架构，三间店堂中间无柱。门面窗户和楼裙木雕考究。店堂左右摆店柜和药橱，中为厅兼通道，厅后设照壁，上悬“台州本草”横匾，很有大店气派。

后院结构布局巧妙。后房深 11 米，其中后 8 米分三间，中 3 米建廊与前店堂连成一体，当中 4 平方米辟小天井，成了“一线天”。便廊设前后楼梯，前梯上前店楼，后梯上后房楼，二楼环“一线天”木栏四绕，布局巧置。岑震元店房占地面积有限，但其充分利用空间，科学设置，不仅营业场所宽敞，且有先生处方堂、会计账房、仓库房和生活用房等。这种前店后院的建筑，在紫阳街还有多处，是古城清代遗存的特色建筑。该房建于清道光年间，是府城百年老店号，现已辟为“‘方一仁’中医药博物馆”。岑震元店房是一座具有中医药文化的历史建筑。

龙兴寺千佛塔

龙兴寺千佛塔，旧称多宝塔，是台州府城中最古老的文化建筑，因塔身上镶嵌着一千多躯佛像，故又名千佛塔。塔高 28.66 米，塔基边长 3.66 米，对角径 7.12 米，中虚外窗，内空径 1.8 米，为七级六面砖砌高塔。原有外阁，阁于清咸丰年间被巾山大火所焚，但塔姿依然风华，尤其是各级塔面壁龛中的烧制佛像，形态各异造型逼真，具有较高艺术造诣，上海古文物专家陈从周教授曾两次亲临考察，赞为文化瑰宝。千佛塔的建筑年代，专家们以塔内有元大德三年二月僧淳具修塔题字并造像题名为据，确认是建于元大德三年（1299）无异。但亦有始建年代更早一说，即《台

◎ 龙兴寺及千佛塔（上）

◎ 千佛塔之千佛砖（右）

州金石录》有载：清咸丰间，巾山出土一块残长 7 寸、宽 6.2 寸、厚 2 寸的塔砖，上端有“唐天宝三载龙兴寺塔砖”十字，左侧有“龙兴寺”三字，俱阳文正书。由此可认为建在龙兴寺中的千佛塔就是龙兴寺塔，它的始建时间是唐天宝三年（744），现存的塔属于元代重建。龙兴寺是唐代古寺，是日本传教大师最澄和尚入唐求法、受菩萨戒的祖庭。1998 年日本国大僧正渡边惠进，寻宗来访，在千佛塔下的极乐净土院，竖立了“日本国传教大师最澄受戒灵迹”石碑。龙兴寺将为传承中日文化交流作出新的贡献。

南山殿

南山殿（现为天宁寺），地处巾子山南坡，后倚双峰，面临灵江。站在山门可观潮起潮落，是一处风景胜地。庙宇建筑分大殿、天王殿、香客楼和南塔，依山错落，雄秀壮观。中心大殿五开间，为高梁大柱重檐结构，歇山屋顶龙栋飞翘，属神庙建筑特点。殿中尚存的匾额和长幅柱联及殿后的“维石”篆字摩崖石刻，标志着古庙的历史文化。

南山殿的始建年代无考，据《巾子山志》记载，早在明初就已存在，清同治四年（1865）和光绪二年（1876）重修。南山殿是神殿，殿中祀奉的张元帅神像（即唐忠臣名将张巡），被百姓尊为保护神，许多传奇故事被载入府县志史册。1982 年庙改寺，大殿改名大雄宝殿坐佛像，但张元帅位置仍保存，香火一直很旺。

南山殿建筑历史悠久，具有一定文化内涵，现被列入临海市文物保护单位。

中斗宫

中斗宫位于巾子山半山腰，后扆双帻，前襟三江。明时为愍忠祠，清乾隆间改祠为宫。中斗宫的规模并不很大，但容纳三教文化。小小一宫祀奉着北斗神君、释迦牟尼和创造文字的仓圣君，是一座道释儒三教合一的宫庙。宫中建筑分佛堂、神君堂、仓圣殿，还有两楹阁轩小房。阁名读画阁，轩名不浪舟，是清代文人名士常聚的地方。有诗为证：“读画轩开可读书，近江潮应化鲤鱼。风送松声清洗耳，月移花影碧升徐。今年再造峰头塔，定见题名瑞气舒。”至今阁中还挂许多书对和诗作，阁前尚存“承露”篆书摩崖。

中斗宫中还存一座颇具价值的明代碑亭。亭中立着高有 2.3 米的明嘉靖皇帝敕命圣旨碑，碑文是褒奖台州府知事武晔率兵抗倭，御敌拗岭，血战遇害，有古烈丈夫之风的功绩。此碑立于明嘉靖三十七年（1558）七月，比保存东湖的戚继光表功碑早三年，是台州抗倭的重要历史文物。

三元宫

三元宫地处中斗宫之东，巾子山伏龙岩之下，是一座尼姑庵。其主建筑系民居式三层楼，西为观音阁，东为胡公殿。山门侧旁长一古樟四五人合抱有余，宫后绝壁多摩崖石刻，前临大江，雉蝶前横，形胜称南山之大观。清咸丰时郡守吴端甫赠匾额，书曰：“宜晴宜雨处”。

三元宫原为玉辉堂，始建于明万历八年(1580)，清道光间重建，分堂、宫、殿。民国15年(1926)堂改为藏经阁，形成现在的建筑群。三元宫后壁的摩崖石刻群，多是郡守名人之手笔，即有“活泼泼地”四字隶书，款“道光辛丑（1841）葭月晋陵盛隆题并书”；“恩同生佛”楷书，款“咸丰郡伯吴公刊”；“别有天”三字楷书，款“道光十八年（1838）春正月浙江督粮道台州府守陈大溶书”；“枕漱”二字行书，款“咸丰丁巳（1857）仲春上巳补用道署台州府事王清照题”；“渟泉”隶书，款“道光二十五年（1845）五月桐城吴廷康题，临海陈春晖、陈伟刊”。还有“水流云平”大字楷书，字径大及1米，书法秀丽，落款字迹不清。

望天台恩泽医局

恩泽医局坐落在北固山望天台（原台州卫校之后），木结构建筑，它是台州府城最早的西医药医院。院房分前后两座，都是哥特式洋楼。主楼十间一字形横列，中二间合一为厅，东西头两间为楼梯兼廊。各间宽4米，深12米，其中四间深14米，楼高约10米，底层二层层高各4米，房顶三角楼高2米。全楼外柱直立，楼栏四围，二楼中四间中开走道前后分间。上下高门长窗，中厅门面砌墙，券拱厅门高3.8米，上镶“恩泽医局”石刻院名，整体建筑高挺壮观。主楼前广场侧西建前楼四间，亦哥特式结构，各间宽4米其中一间宽4.5米，楼高约9.5米，环楼外柱直立，棱形木栏楼裙别致。前楼之后又建中式小楼四间（当是厨房或其他用房），小楼前后建双层斜曲

◎望天台恩泽医局

敞廊连接主楼和前楼。恩泽医局建筑面积约1700平方米，总占地计有五亩，三面环山，古木参天，环境幽美，被称为“小桃源”。

据《台州地区志·卫生医疗》记载，恩泽医局建于清光绪二十七年（1901），英人传教士兼医生白明登创立，时为浙江教区三医院之一。民国8年（1919）医局停办，10年教会派医生陈泽平、陈省几来临海续办。民国21年（1932）陈省几购买恩泽医局产权，后改为恩泽医院自任院长，时有医师5人，护士8人，共员工50余人。设外科、内科、产妇科、理疗室，有病床50张。另据《台州地区志·志余辑要》记载，1942年4月18日，美国空军首次轰炸日本东京、横滨等城市后，准备飞返浙江衢州机场着陆，因失去地面联系，其中7号机燃料耗尽，坠落三门湾，5名机组人员4名跳伞受伤，领队劳逊腿部粉碎性骨折。恩泽医院获悉后，立即派陈慎言、张雪香医师赶赴急救，并转到临海治疗。院长陈省几亲自主治，三名伤员恢复较好，唯劳逊伤势恶化，须截腿救命。外科医生陈慎言即与美军华达军医一起及时进行截肢手术，经半个月疗治劳逊能拄拐棍下地。在伤员回国途中，陈慎言医师一直护送到昆明机场分手。伤员们非常感动，写信给美军驻重庆总部说，“陈慎言这位中国朋友是我们的救命恩人，请代表祖国向这位中国医生致敬！”1945年3月，美国国务院邀请陈慎言到美国加州大学进修，并受到副总统杜鲁门接见。1990年3月，美国杜利特尔轰炸机协会邀请陈慎言等5位当年营救飞行员老人，赴美国出席50周年纪念活动，被当作英雄欢迎。1994年4月，美国布莱恩·穆恩率领有被营救的老飞行员参加的19人代表团访问浙江，前来临海慰问陈慎言并寻访恩泽医院旧址。

恩泽医院，是一座见证中美友谊的历史性建筑。

（二）古宅民居

台州府城现存的民居，大多是四合院。台州的四合院与北京四合院所不同的，就是台州的为四合院楼。这种具有江南特色的院楼，发展于明代，鼎盛在清代，其外特征是双台门、石道地、马头墙。房屋形式分全透屋四合楼、十三间四合楼，再高一档还有“双透六明堂”和“三透九明堂”多重四合楼。现将各时期的代表性民居分述于后。

更铺巷蒋宅

更铺巷蒋宅是一处明代建造的三合院，台门倒厅和东厢部分已圮为平地，留存的正屋和两厢也较破旧，尤其是七间正屋规格古老，其结构是以栋柱为中心的密柱短檩重梁单檐房架，上部都采用斗栱衔接，形制与清代民居有很大差别。房屋（以鲁班尺计）高二丈二尺，进深四道四尺、一道八尺和前廊六尺。宽度中堂一丈六尺，各间一丈三尺或一丈二尺。中堂无楼（中堂不设楼是明屋特点）特显高旷。中堂前楣梁刻花，据住户介绍原楣梁上有“熙朝人瑞”横匾，“文革”中散失，

◎紫阳街两侧古民居之一

◎紫阳街两侧古民居之二

◎ 迎仙坊古民居

◎梅园脚下古民居之一

◎ 梅园脚下古民居之二

◎明更铺巷蒋宅

现只留匾朴。左右房都有楼，下层较高，上层较矮。全屋檐廊、道地（天井）设施考究，从道地中一块原台门建筑遗存的“鲤鱼跳龙门”石刻浮雕看，其屋原主是名门大户。访住户老人说是其上代买来的。亦有人说是陈木叔故居。查有关史料，陈木叔就是南明礼部尚书陈函辉，其宅在丹桂巷。此屋北临丹桂巷，可台门南开更铺巷，是否是陈函辉故居有待进一步考证。

太平天国台门

回浦路太平天国台门（原容塘巷）古屋，是经过整修的明代宅院，房屋结构与更铺巷明屋类同，也是中堂无楼左右房间和厢房有楼，屋架柱梁多用斗栱衔接。古屋在清咸丰十一年（1861）太平军占领台州时，曾是侍王李世贤等将领办公和指挥所在。太平天国台门已被列入市级文物保护单位。

三台坊双重四合院

三台坊双重四合院，位于巾山西路三台坊8号，是一处两座四合院一体，前后院共一台门，俗称“双透六明堂”的大宅院。整座建筑除前院右厢一间有所改造外，整体保存原来风貌。八字台门石雕青石构件，门梁上的蝙蝠云彩浮雕，象征“五福临门”。前道地方石板斜铺，后道地细石花皱地。双开檐楼房前后院各十三间。前院正屋前后设廊。后廊即是后院倒廊。两院三堂六室门面讲究。尤其前院道道廊梁雕格花下挂，棵棵廊柱木雕吉祥物四撑。中堂有一丈八宽，原堂上挂有“冰清玉洁”横匾（“文革”中被毁），中堂廊柱、楣梁和阁栅都有红漆痕。由此可见其当年的富丽。中堂后照壁左右设门通后院，后院结构与前院相同，但门面木雕装饰略逊。

三台坊双重四合院的建筑年份，据住户96岁老人张筱莲说，她祖辈买来已住六代，之前多长也说不清。据目测约有200年历史，是值得保护的特色古民居建筑。

洪颐煊故居

洪颐煊故居处在古城三井巷，是一座双台门十三间四合院。洪居是洪氏祖屋，也是洪颐煊辞官归里筑小停云山馆藏书三万余卷的藏书楼地址。清咸丰十一年（1861）藏书楼被战火所焚，其宅也烧了一半，现存的洪居一半是清后期重建，房屋结构虽有差异，但整体仍大家风范。全屋双开檐楼房，门面古朴，其中原建的右厢存有木雕装饰和漆痕。道地照墙台门建筑很有气派。内外台门曲径回道，尤有魅力的是回道壁上的石刻花卉浮雕，真是人见人爱。浮雕共18幅，每幅高0.9米，宽1.2米，幅间嵌雕竹节框，其中14幅是盆花造型，幅幅技艺精湛，最美的是内大门照墙的“菊花、”、“茶花”、“含笑”三幅雕作，枝繁叶茂，花翠欲滴，含苞花蕾阳出一二寸高，连叶脉都能分明。洪居的石刻浮雕，其雕作之美，艺术造诣之高和画幅之规模，可以说是台州唯一。

洪颐煊（1765 ~ 1837）字旌贤，号筠轩，是清代著名学者，先后任过直隶州判、广东新兴知县等职。一生著作甚丰，著有《读书丛录》、《尚书古文叙录》、《平津（馆）读碑记》、《汉水道疏证》、《筠轩文抄》、《筠轩诗抄》等20余种100多卷，皆刊播艺林。

◎ 洪颐煊故居

骑尉第

骑尉第地处古城井头街，是府城唯一以官名命名的宅第。院落建筑是正屋两厢倒厅全透四合楼。其内结构是三明堂一倒厅，四限头八房间，二十开间四合。四道楼梯，正屋东西、倒厅南北，相向对称。外形四方，双台门马头墙正面气宇堂堂，外台门饰“双狮抢球”、“蝙蝠翔门”石雕，门上书“骑尉第”三字石刻宅名，给人以高门豪宅之感。走进内院不仅道地斜石错铺，且门厅回廊全是石地坪，尺厚阶石间无中缝，中堂阶石长有4米。三堂八室木花门窗多彩，四围檐廊天花板穹盖，廊梁廊柱都雕刻山水花鸟和吉祥物木雕。

骑尉第，是清代武官谢衍棋宅第，建于清同治年间，迄今已有140年历史。据《谢氏宗谱》记载，谢衍棋系南宋丞相谢深甫的后裔。

邓巷洪宅

地处邓巷和宝城巷之间的洪宅，是古城晚清民居建筑的佼佼者。宅院原来外台门开邓巷，内有花木园，是一座美化环境配套的大院。随着时代变迁，外门和前园被占用，但内院建筑依然完整。院落建筑形式是十三间四合院，正面开三门，中为大门，大门石构件砖砌门台，多重灰塑，造型典雅，东西边门云头券拱瓦花景窗。走进大门，正屋两厢双层楼面，木花门木花窗古色古香，三面门廊雕梁画盖，十棵等粗廊柱柱头的吉祥物木雕，工艺匠心，狮、虎、羊、鹿惟妙惟肖，可以说件件都是难得见到的工艺品。洪宅建筑颇具特色的还是东西及两南四堵马头墙的造型，正屋马头前三后六，两厢马头蘑菇形中顶前三后四，高低重叠，起伏壮观。四墙高端墙面景框分别饰狮子、麒麟、金猴和梅花鹿的半立体雕塑，造像逼真，体态活现，历经一百几十年风雨霜雪，仍栩栩如生。洪宅的木雕、灰塑工艺，数得上是临海四合院建筑的精品。

洪宅建于清道光间，是洪革煊的宅第，现已列入临海市级文物保护单位。

◎邓巷洪宅

◎杨哲商故居

杨哲商故居

杨哲商故居地处文庆街和广文路交角，是一处阁楼式民居。其建筑结构是以十三间四合院为主体，再前伸东西阁楼，阁楼人字屋脊，两角飞翘，两面排窗，玲珑剔透。院后还有俗称凤凰翼的附房和小花木园。形成了前有阁后有翼中为院的前伸后挂特色民居建筑。

杨哲商（1883～1911），字旭东，早期参加光复会、同盟会，1911 年为光复上海制造炸弹牺牲，上海、南京光复后，被追认辛亥革命烈士。杨哲商故居是杨的出生地和青少年时的住所。房屋是其上代所建，迄今已有 140 年历史，现被列入临海市级文物保护单位。

傅啸生梅花老屋

梅花老屋，位于古城九曲巷 38 号，是一处建于乾隆年代的古老民居。院落主体是十三间四合院，后拖凤凰翼（附房），前接读书斋，共有楼、平房 22 间。古屋虽然陈旧，可建筑设施并不一般。八字开台门和东西马头墙古朴风雅。主宅双开檐两层楼面，上下木格花门窗。正屋进深 12 米前后设廊，两厢各深 8 米前设廊，三面檐廊斗栱顶托，廊担和廊柱支撑蜢腿俱木雕刻花。中堂下厅高 3 米，楼板下还衬黑色天花板，厅前原悬挂“梅花老屋”横匾（匾“文革”中散失），厅后小院翼房东西各三间亦有楼，与正屋隈头连体。读书斋建在西园，虽是一楹平房，但结构别致，还有便廊连接西厢。书斋小园原多植梅树，梅花老屋由此得名。老屋书斋是画家热爱的居里，主人自题《斋居杂感》诗云：“小院春深长薜萝，幽居善病似维摩。寻常自是无闲客，不为门前风雨多。小山戏礨砚头石，雨后阶前苔色参。差喜此中无捷径，却教佳处胜终南。”

傅啸生，名濂，号少岩，廪膳生，临海人。出身书香门第，七岁学作画，十岁学作诗，及长，科场不第，专攻诗画成名。诗笔清超，善浅绛山水，旁及兰竹花卉，色色精妙。与定海厉志、镇海姚燮并称“浙东三海”，是清代浙江画坛颇有影响的画家。画作留存较多，代表作梅、兰、竹、菊现存临海市博物馆。著作有《梅花老屋诗抄》、《尺牍》二卷、《吐丝》二卷。傅啸生是一代诗画名家，其故居——梅花老屋是值得保护的古建筑。现已列入临海市级文物保护单位。

◎傅啸生梅花老屋

◎三大夫古宅群

三大夫古宅群

古宅群地处三大夫巷，巷中有多座清代民居颇具特点，其中罗家宅院原是前后三院中轴线相对，可惜后座被拆，只留前两座，但仍具深庭大宅气派。罗宅双台门马头墙错落壮观，内屋门面曾都油红漆黑。尤其是外台门高有4.5米，是古城现存最高大的门楼式台门，其中柔石门架就高2.8米，三重门台石雕灰塑，别具工艺匠心，可说是古旧中见豪华。与罗宅隔巷相对的是陈宅，陈宅是一座不全的四合院，房屋低矮古老（据说是三大夫陈氏后裔），其屋正房深有11米，中堂宽大，较特别的是中堂石地槛特厚（约有4寸），这或许是老式中堂的一种规格。该宅后门还有"绥予介祉"题字，由此可想此宅是书家。另外与罗家一墙之隔的三大夫18号，是一处三重套院，建筑虽受地基局限，但别有风格。

三大夫，原指明代陈员韬、陈选、陈英一门两进士一举人，朝廷赐其立"三大夫"牌坊而称名。据《临海县志·人物、名宦》载：陈员韬、陈选父子官终福建、广东布政使，为官清正廉洁。陈员韬死于福建任上，归丧竟无赢资。陈选因番禺案被诬受冤愤郁致疾，遂死于解京途中，三十年后诏雪。现据查陈氏家族至清代其家只留下三大夫牌坊，目前尚存的宅群都是清代建筑。

何家宅院

何家地处旧仓头广文路74号，是一座古朴文雅的清代民居建筑。院落后有屏墙前有照墙，原有内外台门，现外台门不存，只留内台门和内照墙与正屋两厢构成的四合院。台门建筑简朴，石构件门架平面无华，只有门纲础为虎脚石雕。正横房屋竖瓦高栋，伏状呈翘，横屋脊栋中饰圆镜。正屋高约6.5米，进深12米，横屋高约6米，进深10米，全屋前后开檐，楼面玻璃排窗（玻璃窗是后置的），中堂为厅宽约4.2米，门楣梁阔有2尺，阁栅方整，厅壁上尚留“捷报”（科举考试捷报）纸痕。中堂和三面檐廊尚留挂纱灯铁环。

何家，是清代台州府城名门望族，其屋是清光绪京官何奏篪的宅第。据民国《临海县志・卷十八》载，何奏篪，字光熊，号见石，光绪甲午科（1894）顺天乡试副贡，由刑部七品京官升主事，丁酉科（1897）顺天乡试举人，历法部员外郎、郎中。其弟何奏简宣统己酉（1909）副贡，放云南法官，考试正考官，旋补甘肃高等审判厅厅丞，宣统三年（1911），升甘肃按察使司按察使。

左营巷民居

位于中心菜场东侧的左营巷2号，是一座颇具特色的清代民居。宅院双台门双照墙石道地设施考究。外台门凤凰云彩浅雕、卷轴门角立体浮雕，内八字门墙“寿”字灰刻。内台门照墙饰长方形画框。较特别的是正横房屋结构，正屋七间中五间略高直面道地，横屋各三间前设窗墙，窗墙下嵌石壁上为砖砌多彩花窗，中间还有灰雕图案，形成别致的院落建筑。正屋前后开檐，中堂磨砖甃地，廊柱石雕荷花柱础硕大，堂后小院垒太湖石假山。横屋亦前后开檐，前廊木雕格花，东西马头墙上有劲松寿星灰塑图案。整座建筑由于年代久远，多处破损，但其风格各异，是值得保护的历史民居。

友兰巷王载卿故居

王载卿故居位于友兰巷12号（现为地区机关幼儿园），是一座近代典型传统民居建筑。院落坐北朝南，大门西开为拱弧月洞造型，门上有“晨曦”大字隶书。房屋结构为正七间横各一间，正屋之后又有东西附楼各一间，整体呈工字状。正屋深12米，横屋深7米，全屋双开檐楼面檐头瓦当。通廊卷棚顶，双斗栱两叠，饰人文山水图案，廊柱红漆。四墙高挺上下开窗，东西山墙双排竖瓦披栋马鞍造型，墙面饰如意纹。南马头墙前二后三，墙面设八结花框饰人物灰塑。天井前设花坛，整体环境别致幽美。

王载卿（1884～1941），名萼，字绍宗，号载卿、醉卿，是辛亥革命元勋王文庆之弟，1903年考入警察学堂，毕业后又入保定陆军军校。1911年应兄之召赴上海参与光复活动。上海、杭州光复后，任江浙联军团长会攻南京，立功晋升陆军少将。1914～1930年历任浙江外海警察厅长、广州长州要塞司令、黄埔军校军械处长、虎门要塞司令、江宁要塞司令等职。

余同丰典当店寓宅

在赤城路南段的更铺巷口，有一座与传统风格有别的民国时期民居建筑，它的特征是外墙取代传统装饰以花卉，内房立面中西合璧。房屋结构是单檐两层楼全透屋。正面临街开三门四高窗，倒厅中间兼台门，台门之上三间门楼为开放式斜栏排窗，左右山墙竖瓦双栋，拱弧形山墙上部条旂状图案排列，高端墙面灰塑松鹤花卉，外观壮雅大方。内房楼面欧式风格，单檐直落，四围环廊。下层高 3.6 米，水门汀印花地面，间间玻璃门窗。二楼高 3.5 米，前走廊木柱敞栏周环，四道楼梯互通。较美观的是环楼 12 株高柱从檐头到地，既是下层的廊柱亦是二楼的栏柱，1.5 米高的栏杆，全是锉木西洋柱排立，栏下还饰锄角形窄条下挂 ，构成艺术的楼裙美。

◎ 余同丰典当店寓宅

该房建于上世纪三十年代，系原余同丰典当店主人寓宅，现为临海市电力公司职工宿舍，属于公房。是古城民国时期的代表性民居建筑。

总体而言，台州府城依然保存着相当数量的历史建筑，特别是老城区西片，整体群落保存得极为完好，本文仅选取部分有代表性的为之介绍，以斑窥豹而已。

◎古城老街区

四、台州府城的山水与人文境界

（一）

台州府城是一座美丽的江南小城，长期以来，生活在这里的人常常会流露出一种难以掩饰的自豪感与幸福感。

台州的前身为临海郡，早在南北朝时期，临海就以佳山秀水扬名于世，据《宋书·谢灵运传》记述，谢氏因爱临海的山水之胜，至率童仆数百人“伐木开径”以游。

台州府城的美，同样是因为她的山水：城中有山，城郭濒水，抱山环水，清雄旖旎。

城的北面是北固山，城墙绵延于山脊，东西千余米，是台州府城的屏障。“形胜蟠龙顾，雄哉此一州。岩峦层壁削，睥睨半天游。地可称函谷，城真据石头。辛公破贼处，江水自东流。”这是清代著名文人齐召南的诗作，第一句的龙顾，就是北固山的旧称。从这一首诗中，我们可以深切地感受到北固山的清雄与壮险。巾山是一座城中山，也是一座景观山，她的形状像古人的头巾，旧志载云：“巾子山，在城内东南，连小固山，两峰如帢帻，一号帢帻峰……下瞰闤闠，阁南郊薮廛市、山川之盛，一目俱尽，故其胜概名天下，登临者必之焉。”[1]历代文人留连忘返，吟咏不绝，宋钱昱诗称：“数级崔巍万木中，最堪形势是难同。阑干夜压江心月，铃铎秋摇岳顶风。重叠画栏遮世界，稀疏清磬彻虚空。有时问着禅僧路，笑指丹霄去不穷。”还有陆长倩赞云：“凌虚云磴陟崔巍，轩槛仍从绝顶来。邑屋万家迷向背，江流三面自萦回。金山每限波涛阻，星石曾登培塿来。为是会稽东部郡，不教更号小蓬莱。”难怪唐代诗人任翻一游二游而三游。白居易的老师顾况一到巾子山就不想离去，客居巾山，并作《临海所居》以纪之。

水亦有二：一为灵江，一乃东湖。灵江是临海的母亲河，也是台州的母亲河，上游天台、仙居之水汇合于台州府城的西北，濒城环绕然后注于东海。沿江芦柳曲岸，青山夹抱，风帆潮汐，云影波光，有人夜泛灵江后称述道：“画桨荡中流，苍茫暝色浮。潮流三港合，月罩一篷秋。翠竹桥边寺，红灯水上楼。旅程应记取，今夜宿台州。”[2]东湖则是一个历史人文公园，她形成于北宋熙宁四年（1071），整个湖面紧挨着台州府城东城墙，早在宋代就被人们誉为“水光山色，涵映虚旷，为春夏行乐之冠。”[3]湖中台榭临水，亭阁飞甍，长桥九曲，花柳芬芳，清初台州知府张联元的咏湖诗最能概括全湖之胜：“锦幛城东分外幽，双虹闲锁小瀛洲。划开阛阓移仙岛，画就湖山入寺楼。曲径披风不觉暑，清樽浣月最宜秋，良时啸咏增余兴，拟补空明一叶舟。”

可以这样说：台州府城是山、水、城的完美组合，是人文与自然共同烘染出来的城市园林。

（二）

台州地处江南，濒临东海，府城环山旁水，兼得山海之富，物品充裕，条件优越，南北宋之

◎湖滨小筑

交的陈公辅称："临海鱼稻之乡，在东南一隅，昔最号无事。余小时见米斗百金，鱼肉每斤不过三十金，薪柴杂物极易得，无寄居过往。郡官公事之余，日日把盏，百姓富乐，不闻穷愁叹恨之声。"[4] 南宋伊始，宋祚南移，府城优美的环境，引来不少北方士宦的垂青，故而寓公日增，堂馆勃兴，略掇数例，以见一斑。南宋初期宰相吕颐浩，字元直，济南人，致政后于建炎四年（1130）筑退老堂于东门外，一时朝野名公俱有题诗。贺允中，字子忱，上蔡人，官至参知政事，寓居东湖之北，建小鉴湖以居。郭仲荀，字传师，洛阳人，官至太尉，绍兴年间寓临海，筑山居于北固山。曹勋，字公显，颍昌人，官至昭信军节度使、开府仪同三司，绍兴中建松隐堂于巾山之麓。钱象祖，字伯同，祖籍临安，官至右丞相，丞相府第在白云山麓，时称"别营甲第，南北相望，一家盛事，常占此境。"[5] 当然，当地文人士大夫亦竞建堂馆，且境界益胜。如邑人王卿月，字清叔，乾道五年（1169）进士，官终太府卿，筑玉寒堂于北山之麓。陈广寿，字成卿，乾道八年（1172）进士，官至刑部侍郎，晚年造东岩堂于东湖东北，内有小瑶、生秋、瓜风、蜜露、齐芳、

◎ 台州府城墙滨江跨山 迤丽清雄

◎素有“一郡游观之胜”美誉的巾山

◎镶嵌在台州府城郭外的明珠——东湖

◎东湖北固两相依

◎府城淳厚古朴 娟美清明

闹春、见笑、问开、花屿、饮巢、数红、记好、涉趣、四友诸胜。明代的王士性，字恒叔，号太初，倡人文地理之学，归里后于东岩堂遗址建白鸥庄，其胜有紫兰山房、空涛阁、绿云亭、莲社、夕阳坞、小山丛桂、先月墩、嘉树台、白龙溪、芙蓉城、三星石、曲水濑、小祇林、云堆、卧云坪、忘归石等，造景布局最得造园之趣，世号名园。有研究者甚至认为："在中国三千年造园史上，以个人之力量所营造的私家园林，特别是以文人经营的文士园林而论，惟一能够和帝王们那种'移天缩地入君怀'的大手笔相颉颃的只有王士性的这个白鸥庄。"[16] 不过，王士性的白鸥庄与皇家园林和富家园林还是有天壤之别，王氏所讲究的更多的是"天人合一"，是心灵与自然的融通，追求的是文人画式的境界而已。

（三）

台州"人杰地灵，迪《关雎》之教，为衮绣之乡，衣冠文物，独为东南之望。"[8]《大清一统志》称："台介东南之陬……自朱子绍伊洛之正绪，传道受业者，台为特盛。士秀而文，重道德，尚名节，言行本乎礼义，闾巷弦诵之声相接。"[9] 世有"小邹鲁"之号。

台为文化之邦，而临海好学之风尤盛。据统计，南宋时台州进士 550 人，其中临海有 217 人，占 39.5%；明台州进士 271 人，临海达 125 人，占 46%。台州府城作为台州与临海的政治文化中心，更是人才辈出。在宋代，台州入相者六人，其中临海二人，一为谢深甫，一为钱象祖，均为城关人。台州历史上出过四位状元，分别是北宋末之陈公辅（上舍考试第一）、南宋之王会龙、元代的泰不华、明代的秦鸣雷，他们都是府城人。他则宋代商氏兄弟四进士、方家父子四进士、理宗皇后谢道清、明代王氏一门三巡抚、乡试会试皆第一的"二元"陈璲，莫不都是府城人。还有清代府城洪氏，世代好文，学人迭出，内中号称"大小洪"的洪颐煊与洪震煊兄弟更是为学术界所推许。

进入近现代后，台城好学之风不替，教育蒸蒸日上，城区的台州中学和回浦中学就曾培养出十位两院院士。在当下，人们普遍流行的一句话就是：千年台州府，满街文化人。

（四）

冷兵器时代已随历史的车轮永远消逝了，与之相关的"城"也就成了凤毛麟角，台州府城无疑是其中之一。临海在历次修订的城市规划中，确立了"辟新城，保老城"的保护原则。全体市民无不以城为荣，视城为宝，对之呵护有加。保护古城，已经深入人心，已经成了各界人士的共识。在政府主导下，在广大市民的努力下，现在的台州府城已经是国家历史文化名城、中国园林城市、国家卫生城市、中国优秀旅游城市、全国文化先进市、中国十佳和谐可持续发展城市（县级）等。凡来过这座城市的人总是对之赞叹有加，居住在这座城市的人亦自难掩自喜之情，凭藉着千年府城的丰厚底蕴，凭借着"小邹鲁"遗风的叠加熏陶，台州府城人已自形成了"崇文厚德"的旨趣和境界。

最后，不妨以现实版的一个故事作为结尾：

2006年10月2日上午8时35分，市民叶先生从人民路城关信用社取出2.5万元现金，走出信用社，将钱放在电动车的后备箱中，然后启动缓行。行驶还不到30米，隐约听见电动车后备箱似有被撬的声响，回头一看，只见一黑衣男子已将箱中的现金抓到自己的手中，拔腿就逃。叶先生急忙弃车尾追，边追边喊："有人抢钱啦！有人抢钱啦！"刚好在旁边的信用社保卫科长闻声首先猛追上去，附近的洗衣店老板、过往行人也都纷纷加入了抓追行列。小偷见势不妙，慌忙拿出1.5万元钱随手抛撒。但见百元大钞，满街飘洒。然而，小偷的伎俩并没有得逞，追赶队伍中年青力壮的依然穷追不舍，老人妇女则分头捡钱。经过近10分钟的追截，终于抓住同伙三个中的两个。飘散满地的钱也捡完了，他们将捡得的钱聚在一起，压上石块，除一人看守外，各自默默离去，没有一个留下姓名。8时44分，110民警赶到现场，在扣押下两个小偷的同时，清点现金，结果1.5万元分文不少。民警如数交归失主。

又，据《今日临海》报道：2011年6月1日中午，《偷钱男子街头"天女散花"10万元，路人拾还分文不少》，事情的经过可以说大同小异，本文不复赘述。

作为当代生活在府城中的临海人，他们良好的素养，无疑与历史的人文累积有着必然的关联。

一言以蔽之：美哉台城，人杰地灵；山环水绕，城市园林。

注：

[1] 民国《临海县志》卷三《叙山》。

[2] 清黄岩贡生汪湛《灵江夜泛》诗。

[3] 宋陈耆卿纂《嘉定赤城志》卷二十三《山水门五》。

[4] 宋陈公辅撰《临海风俗记》，见宋林表民辑《赤城集》卷一。

[5] 清洪颐煊《台州札记》卷五引宋王明清《挥麈前录》。

[6] 喻学才《王士性与白鸥庄》，载《东南大学学报》（社会科学版）1999年第1卷第1期（创刊号）。

[7] 明王士性《广志绎》卷四。

[8] 宋王柏《鲁斋集》卷九《上蔡书院讲义》。

[9] 清穆彰阿等修《大清一统志》卷二九八。

一、与城墙相关的历史文献

嘉定赤城志·城郭

宋·陳耆卿

[城] 按舊經，周回一十八里。始築時不可攷。太平興國三年，吳越歸版圖，隳其城示不設備，所存惟繚牆。後再築。慶曆五年海溢，復大壞。部使者田瑜以聞，詔新之。乃命太常博士彭思永攝州事，命縣令范仲溫等分典四隅，從事蘇夢齡等總其役，三旬而畢。明年元守絳至，迺因新城增甓之，作九門捍外水之怒，十竇牕疏內水之壅，又鑿梁貫城，斷爲三支，閱歲訖工。是秋水不為災。至和元年復大水，城不沒者數尺。孫守礪再加增築。嘉祐六年大水，復壞。徐守億謂城南一帶當水衝，用牛踐土而築之。每日穴所築地受水一盂，黎明開視，水不耗乃止。熙甯四年錢守暄又累以密石，且慮水齧其足，遂浚湖，以其土實之。乾道九年火及闉，淳熙二年趙守汝愚又繕築焉。先是，郡有壯城，遇水患令司其役，已乃屬役於士庶，吏誅求不饜，則捃摭鞭箠，至有殞於非命者。公從州士請，歸其役於壯城，民用以寧。三年秋大雨。城又幾墊，尤守袤極力堤護。事竟，復修城，城全，邦人歌之。按故基，東自小鑒湖，循清心嶺而南，縈抱舊放生池，直接城山嶺古通越門土地廟處，蓋今湖昔地皆闉闍中物也。後乃徙而之西，縮入里餘。眾謂起元守絳，今按元《雜記》但載修城，無徙入之文，後按汪泌《共樂堂》詩，歷敘城事，有“外遺數百家，室屋鱗參差”之語，意其為錢守暄也。全篇見《東湖》。嘉定十六年齊守碩復經界，有以故基為言者，亟遣官吏按視，則知城趾廣踰四丈，中有二斗門瀉水，遺跡具在，而以居人奄據，或田或圃，歲久懼愈湮，乃於其中酌存丈許，旁揭牌以為表識，其奄據者貰不治而聽其承佃如官店基法焉。新城既全，而舊城且不泯矣。城今有七門，各冠以樓：南曰鎮甯門，樓名神秀；曰興善門，樓名超然；東曰崇和門，樓名惠風；西曰栝蒼門，樓名集仙；東南曰靖越門，樓名靖越；西南曰豐泰門，樓名霞標；西北曰朝天門，樓名興公。蓋自尤守以前，城凡八修，繼是雖間修，非大役，故不書。

[子城] 按舊經，周回四里，始築時不可攷。或云州治舊在大固山，上有子城故趾焉，後隨州治徙今處。其門有三：南曰譙門，上有樓不名；東曰順政門，樓名東山；西曰延慶門，樓名迎春。城之南內外號裏班外班。舊傳錢王俶守台，胡進思自此迎立之，有班直分寓於此，故名。

注：文見宋陳耆卿《嘉定赤城志》卷二《城郭》。

台州新城記

宋·蘇夢齡

自昔天下有大菑大患，民敝且死，而仁人任職，能禦捍之者，未嘗不見於文辭也。慶曆五年夏六月，臨海郡大水，壞郛郭，殺人數千，官寺民室，倉帑財積，一朝埽地，化爲塗泥。後數日，郡吏乃始得其遺甿於山谷間，第皆相鄉號哭，而莫知其所措。主計田侯瑜聞之震驚，亟乘傳而至，籲衆感而視之，問其食，則糠覈而臭腐焉；問其衣，則藍縷而顛倒焉；問其居，則草茇而漸洳焉。橫屍塞於衢，窮盜充於郊，乃喟然曰："茲不可以久生矣。"繇是移文其鄰，貿遷用度以衣食之，相奠厥居，躬自安輯，然後民始知其可造之漸，且先以章言狀，朝廷得而憂，蓋以水不潤下之沴，因以必復之責屬於外臺，故所請亡不獲。于時司憲王侯茇，亦接跡而會焉。始相與言曰："茲殆小康矣，今可圖其大者。"於是始議城之。俾監軍王世雍、錢塘從事曾公望慮其事，度高厚，攷徒庸，籍糗糧，訂材用，將以授於有司，然思夫臨之以爲成命者，非擇賢則莫可，遂請以太常博士監新定郡彭思永權守之，秘書丞定海宰馬元康爲之貳。已乃量功命日，屬役賦丈，分僚職而帥焉。繇西北隅以黃巖令范仲溫專掌之，從事趙充參綜之；西南隅以臨海令李匄專掌之，從事蘇夢齡參綜之；東南隅以甯海令吳庶幾專掌之，從事褚理參綜之；東北以臨海尉劉初專掌之，決曹魏中參綜之，其址凡環數里，而四隅三面壤界相屬，惟北面以破山而闕焉，城制雖存，然實巨防也。中以仙居令徐赳專掌之，獄掾宗惟一參綜之。又命司邏喬筠、邢昭素、宋世隆叠翻譏呵，以警非常，會世雍換丹陽而新監軍胡禎代。終厥緒彭侯感厲撫綏，諸大夫各祗所職，役徒忘勞，三旬而成。羣議又曰："城則信美矣，然萬分之一復罹水災，而激突差久，則懼其或有頹者，不若周之以陶甓，則庶幾常無害歟。"外臺然而行之，曰："雖重疲吾民，其利至博也已。"惟黃巖令曰："陶甓雖固，猶未如石之確也。"乃請兼用石。役將興，田侯親按勉之，士志增倍，主計李侯仲偃、司憲李侯，雖領部惟新，而實協心同功，良無間然。新將元侯、通守黃侯，繼以循吏之選，懷保捐瘠，而慮忠計遠，一方究度，背春涉冬，厥墉甫畢，論者咸曰："休哉！仁人之經營也，始終之畫，無一不適於宜，費貲不踰千萬，而國之大事立焉。使斯民知免於氍而日就蕃育，其施何如？"夢齡不佞，雖知此徽烈當書太史，而欲有以永台民之傳，故妄志其大略云。

注：文見宋林表民輯《赤城集》卷一，中國文史出版社 2007 年 4 月出版。

台州雜記

宋・元 絳

州治據大固山，介天台、括蒼之間，北直大海，海潮汐溯江薄城，而羣山阨束，水不得肆，慶曆五年夏，山泐海溢，踰城，殺人萬餘，漂室廬幾半，州既殘毀。明年，予來守茲土，拊視凋瘵，慼然出涕，迺循周官聚養萬民之法，恤孤終，收介特，招倈安輯之。問軍政，昔之闕戍過更，疲佚不一，迺取尺籍伍符而均齊之。問吏蠹，昔之彊宗囊橐，爲姦積歲，勞豪忽，厭飫豢腴，貧者擠轉溝瀆，沒齒不享斗升之澤，迺爲定規釐，一隱括，料姦擿譎，牢不容罅，參是數物，信以諗之，法以束之，故民罷者興，兵勤者休，吏窮者給，繕戎械，治囷鹿，完官廬，秩祠宇，表廛閈，齊簿領，平獄犴，一二悉力。問水害之繇，昔之緣城之民，刳去客土，日以薄圮，是有水敗，迺因新城，出帑金以購材募工，礱石累甋，環周表裏，外內九門，飾之樓觀，縋木於門，牝牡相函，外水方悍，以禦其怒，作十竇牕，栽以密石，內水方淹，以疏其惡。又鑿渠貫城，廝爲三支，達壅渟，清餘波，距川斲十二石杠，蜿蜒跨渠，舟車埸來，行者不病，旬歲而工既。於是秋水復攻，城不沒者三板。乃循闉闍，垂木闔窗，或持編菅，或捧簣土，輔堅窒隙，扞有餘壯，已而水亡以縱，遂復故道。昔之刺史廨舍，在山谷間，滔襄之餘，雖不甚壞，而潮波洄汨，鞠爲淖洿，大凡署所以朝夕處君命之地，不可以不葺，乃培偃瀦，支敝陁，即舊而新之。廨之四隅有樓及亭，列峙而五，至是摧圮，悉欲完之，則重煩里旅，然士大夫必有退公息偃之地，乃取城闉賸材，於二山之交作雙巖堂廡，緣山椒作參雲亭，天空地迥，萬象在下，射有長圃，飲有曲水，賓友衎衎，哨壺雅詠，日爲文酒之樂。粵今年春，州人縱游鼓舞於庭除之下，有賓擊節而歌曰：“昔民墊昏，今民庶蕃。昔民齎咨，今民熙熙。惟君憂樂兮與民共之，天惠其寧兮無以君歸。”予聞而甚愧，因酬之曰：“予斷斷然一介臣素，性狷直，重以蹇連之分，孤鳴自哀，而朝廷不加誅斥，名爲二千石，幸爲僚諸君皆文學政事之選，交修補察，以埤不逮，繇是不爲司敗之責者爾。”大抵刺史能休戚千里，若政之徽惡，則有輿誦，蓋《春秋》之法，興作始事必書，予是以雜爲之記，以俟後之知者。

注：文見宋林表民輯《赤城集》卷一，中國文史出版社 2007 年 4 月出版。

台州重修城記

宋・呂祖謙

臨海郡南東西三方岸江湖，秋水時至，北限大山，蹙不得騁，怒齧隄足，生聚廩廩，恃城以爲命，距海餘百里，逋亡剽俠之所，遭惡歲輒睢盱洲潊，睥睨郛郭，儆警者不敢弛柝，故閉修之政，在是郡爲首務。蓋所以遠菑害，銷姦萌，非徒區畫封表備侯邦之制也。慶曆之水，幾不爲郡，元章簡公絳來守，城復立。宣和中盜發仙居，闖虛采人，突薄欲登，時則有戶掾滕君膺帥厲吏士，圉以方略，寇不爲患，父老紀焉。乾道九年，里旅不戒於火，延及郡城，堵隤甃弛，徑踰無禁，菑氣未格，民謞不寧。間一歲，太史趙侯汝愚自信徒鎮，暇日循行廧落，屬丞掾而告之曰："置守所以衛民，顧屏蔽廢撤若是，其何以待不虞？土功於古雖有常律，傳《春秋》者復出，啓塞從時之例，豈非城闉之啓閉，實有邦之大紀，隨時築冶，有不得而已者邪？況壯城之卒，月粟歲帛，凡以爲此，益其廩而寬其程，宜無不可。"於是軍事判官蘇延壽受役，要司輂輦金穀之稽，兵馬都監胡勝督栽巡功，察其勉與不勉者，命羣有司各保其所奠地，守傳衆力，埤增卑薄，塗塞空郤，環城諸門，作新者四：曰鎮寧，曰興善，曰豐泰，曰括蒼。修舊者五：曰崇和，曰靖越，曰朝天，曰順正，曰延慶。起淳熙二年六月癸酉，訖閏九月戊辰，絫日積工，凡一萬五千三百七十有六。大抵取具於壯城之籍，閈民願即工者厚醻之，不欲勿彊，會其數，睎役兵財十之二。鍜斲鏝塈，黝堊之工俾僦直如其數，醪醴之饋，勞來之問，相及於道。其材瓦石甓之用，積二十一萬七千九百。錢以貫計，米以石計者，合四千六百有奇。維侯憂民急病之意，既達於下，而精知周慮，又足以綜理之，故公無羨費，民無留力，工無餘技，役事首尾歷再，時版臿竝作，觀堞堀興，而近郊之甿初未嘗釋隴畝也。始侯之至，詔奉計最，朝十月報政之期，甫半歲而贏。或謂是邦特侯假道休沐之地，繕營之鉅者，必姑存以須後，乃獨於入國阡陌未習之時，驟舉力政，百年之蹟，成于指顧，邦人德其賜而樂其成，請書勞於石，抑不知因事而功見，已事而迹泯，一培壘之緒業，於侯何有哉？至於不以久暫易意，眇然長慮於耳目之外，以無負於寄委，識此者蓋亦鮮矣。遂書以諗台之君子。

注：文見宋林表民輯《赤城集》卷一，中國文史出版社 2007 年 4 月出版。

重修子城記

宋・王象祖

子城東自鼓樓，踰州學，過東山閣，包職官聽，歷玉霄亭，入於州之後山；西自鼓樓，介於內外班之間，內外班，錢氏有國時，子弟爲守，親兵所居也。而長於內外班，曲而爲洞門，又曲而依於大城。今越帥徽猷郎中葉公之再造台邦日，以修城之餘功修之也。初，子城堙於闤闠，蝕於民居，寖侵寖削，而又乘以巨浸，剝落無幾，乃出遺址，展閭巷，定丈數，立表識，器利用備。築之登登，甓之棱棱，或帶之抱，或翼之展，或繩之直，物採納燿，威儀章嚴，侯度改觀矣。既成，將筆之於石，或謂物大者體必重，力微者事亦輕，舉其重則輕可略。環台城而新之，既鑱諸珉矣，因大城而及其微，不書，未缺典也。故大城東、西、南三面爲丈二千四百有奇，州後北山城爲丈九百有奇，而子城之丈不過三百有六十，積長較短，曾不能十之一也。大城增高加厚，挺高斵深，邊江蹙水，包山越谷，其用物也洪矣，其取功也多矣。子城量材數力，曾不能五十之一也。大城水潦每降，江潮互凝，舂撞無時，傾圮有自，不遠其防，曷善其後，於是爲長堤一千四百丈以捍城足。涉江之西有磐石，潮汐上下，飜濤攻擣，長堤復慮其難恃，乃撒樁於江，深踰二丈，累石於樁，結成三疊，復以捍隄，以牛練土，以水試滲，萬杵同力，百材共良，門闕如鐵，雉堞可礪，發掘所至，監紹定之水力功物可施，增至和之人謀，精神心思盡於此城，而子城因平地施版築，費公之規畫，曾不能百之一也，若何而筆，嗟夫，談曷其易！郡國之立，城郭惟重。重則俱重，孰爲彼此。魯城中城，《春秋》屢書，鄭郛之入，說者謂郛者郭也，內必有城矣，然則城有分於內外，無分於輕重明也。且作者必紀，以有俟也。紀而獲傳，以有考也。有千年之州治，必有千年之保障，並存並久，一成不隳，豈非厚幸？而城復於隍，泰必有否，山附於地，剝乃先復，變與時會，不能無也。然否終歸於泰，剝必繼以復者，以前作後述，有傳有考，書契所以有功於天下也。自慶曆至紹定，浩浩蕩蕩，幾二百年，而載見豈數乎？事之方殷，千里一壑，懵不可究。有一儒生，茫搜遺跡，得蘇君茂齡《修城記》於倅聽面壁之刓碑，模以片紙，如獲千金。數而不足證，則子城與郡咸休，存片石於樓側之隙地，公之功固多矣。數而或有證，則隙地所存片石，可考功不又多乎？故子城之記，書之詳，辭之復，於公之功，巨細不遺，以俟後人，雖獲罪於或者之論，不辭也。公名棠，字次魏，乾道丞相之孫。詳見於《生祠記》。

注：文見宋林表民輯《赤城集》卷一，中國文史出版社 2007 年 4 月出版。

浙東提舉葉侯生祠記

宋・王象祖

紹定二年，台郡夏旱秋潦。九月乙丑朔，復雨。丙寅加驟。丁卯，天台、仙居水自西來，海自南溢，俱會於城下，防者不戒，襲朝天門，大翻括蒼門城以入，雜決崇穌門，側城而出，平地高丈有七尺，死人民踰二萬，凡物之蔽江塞港入於海者三日。癸酉，前邦君今本路倉使葉公聞變馳來，朝廷以公得台民心，因命當天災以續民命。至則陵谷反易，城市爲沙礫之墟，亡者疊腐，存者改形，爲之大戚。迺賂貪夫以收遺骸，募卒伍以岀途巷，嚴冥錄以靖冤妖，籍戶口，頒錢米，助畚築，弛徵榷。閣租賦以請命，求利害以盡人言，問疾苦以通下情，日以所見，奏所未聞，且乞大賜予以造一邦。會趙守得祠，併以郡屬，公事顓言益切。先民而慮，徯民而發，亟請不倦，得旨征榷予一年，凡官錢皆如之，秋租減其七，明年夏賦捐其半，頒錢米以賑卹城築者，合緡斛幾百萬。初倉廩蕩於波濤，遺禾腐於泥潦，人心惶怖，公移粟於近，糴告於遠，勸商賈，通有無，憂在不繼。及聖澤溥博，憂在奉行。內選郡僚，外求寓公。寓公各自擇其鄉之堪其事者，並書吏，省文書，災傷以輕重爲差，州郭重於諸縣，臨海重於天台、仙居，天台、仙居重於甯海、黃巖，重者數倍，輕者必稱必均，各競於善，而惠無不實，日有粥，月有給，疾疫有藥，死亡有棺，癃惸獨孩，幼者有養，始於季秋，畢於季夏，台邦無前聞也。水先壞門，遂加堅爲深，結深爲洞，門三其限，以受版石，穴其防以爲限。多門多罅，水多衝括蒼，故塞括蒼門。括蒼無罅，水必犇豐泰，併塞豐泰門。患江之齧，外爲長堤，以護城足。患水之衝，內爲高臺，以助城力。城崇舊二尺，厚舊三尺，埋深以固址，開疊以廣基，器利材良，土密工練，展民居，除惡壤，暮穴其築以受水，詰朝水不耗方止築。三分其城：新築者一，補築者一，餘環而高厚甃甓之如一也，矗然偉觀，可並邊城。又通利河渠，疏整溝閘，堅闢裏城，修郡庠，復賓館，新浮梁，廣養濟，作雄樓於臺上，以壓江勢，存民立邦，盡能事矣。而志慮已周，猶懼未徧，民情大感，尚憂不滿，哀矜惻怛，常若不足，此情此念，天實臨之，邦人豈無人心哉！歲既告登，功又告成，起妙勝院之廢而闢其堂，肖公德容，飲食必祝焉。妙勝，朝天門之通衢也，於水之入，表功之成也。嗟夫！天豈無變，賴其生賢，天將示變，必先用賢，先水一年，民德公甚，聞水之日，公急民憂，天意人謀，豈暫合哉！變之方殷，除骸盡五日之令，催科立一月之期，苛暴不忍其昏墊而殘羸慰安者，恃公一身耳。事之未定，疫亡枕藉，蠶麥大荒，訛言足以興攘攸而彊梁妥息者，感公一心耳。茫茫垂盡，騃騃甦醒，匪身奚子，匪子奚孫，身不可忘，子孫尚可忘乎？又有大者，水患自慶曆至今，幾二百年而再見，天無數則已，天果有數，則公之爲則於後考豈止今哉！慶曆之築，至和始定。宣和方寇之變，其徒顛沛於此城者，至和之築也。聖人不畏多難，公之爲備於後者，豈止水哉！齊威存亡，風有《木瓜》，魯僖復宇，頌存《閟宫》，豐功盛心，感歎不足。不足，心聲之成音也。公名棠，字次魏，僊游人，乾道丞相正簡公之孫。歌曰："天生賢哲兮捄災扶危，渺渺千里兮誰其惠來；存亡續絕兮父母提攜，何以報之兮卜此招提。巾山崇崇，公名兮穹窿；西江溶溶，公壽兮無窮。昔元章簡公兮慶曆當此，公聿似之，歸輔天子。公皇祖正簡公兮乾道秉政，公其繩之，再顯紹定。自今歲時兮公顏必紅，一笑語人兮台民報功。報功永存，台民子孫。子孫有知，視此豐碑。

注：文見宋林表民輯《赤城集》卷十，中國文史出版社2007年4月出版。

壽台樓記

宋·王象祖

倉使寶謨葉公再造台邦之明年，作危樓於舊括蒼之上，仰考天文，扁以"壽台"，欲此城與台星長久，爲民之意無窮也。又明年，紹定己卯五月丁亥，與賓彦落之，郡人王象祖與焉。賦曰：偉天台之宅國兮，聚神秀於山川。環千岑而拱揖兮，會三江之蜿蜒。即長虹之霞采兮，罩蒼龍之雲煙。通滄溟之潮汐兮，亦有時而奔潰。颶風作而南溢兮，潢潦湊而西滙。駭聞見於恍惚兮，忙運掉於不戒。襲其虚而頹其弊兮，擣崇墉如灘瀨。帝哀民而求其欲兮，欲莫如舊之求。今赤子而昔父母兮，奪繈褓於横流。孰宜先而尚敏兮，孰可後而遲留？兼保養於内外兮，合二急而交修。侈舊雉於加倍兮，作新意於危樓。嗟洪濤之懷襄兮，更二百載而再造。棄人事於不謀兮，委天數於有考。使知及而仁守兮，何千齡之不可保？瞻昊天之靡遠兮，彼昭晰者何星？非上台之主壽兮，亦豈不福乎此城？揷穹蒼而上引兮，光下屬而熒熒。鎮流峙於高卑兮，安反側於常經。曩人物之顛錯兮，今萬蟄之順序。曷陵谷之變遷兮，有既平之水土。道待人而後行兮，天亦何求其故處！功成而不自足兮，參泰階之軌度。噫！變化之難諶兮，嘉剝復之有常。娱賓彦於觴豆兮，易勞佚於弛張。放吾目於萬有兮，收吾耳於宫商。駢城陴之士女兮，同其樂於未央。驚吾土之有此兮，綴履舄之末光。詠黄樓之騷雅兮，爭日星之煒煌。齊彭城於丹邱兮，美哲人之相望。匪登高之能賦兮，鋪盛德於難陳。彼此一時兮，尚懷遠於蘇與秦。

注：文見宋林表民輯《赤城集》卷十，中國文史出版社2007年4月出版。

築城議

宋・陳觀

自古城邑，或圮於水，但聞遷居以避患，不聞補築以俟患。契湯仲盤，展轉於商亳耿相之間，一時大家世臣，盡舉以遷，不憚夫勞苦者，誠不欲盡劉其民聚無辜於受死之地也。赤城置城巾山之麓，背負大固山，天台、仙居二水併流值衝城下，每遇秋雨時至，海潮怒漲，官吏閉城捍水，如禦巨寇。慶曆間嘗一大圮，殺人萬餘，不仁哉！此城再築也，舉萬民葬之魚腹未厭，又聚魚腹之遺子以傳孫，坐待今日之禍，嗟夫！慶曆以前事遠，不能詳也。今去慶曆耳聞目見，猶可接也。況南渡以後，生齒日繁，奈何又欲今日遺子若孫，俾後之視今，亦猶今之視昔。爲人臣者以天災爲不常，至不爲國家遠謀，恐不可謂之忠臣。爲長吏者，徇目前之苟安，不爲聞之朝廷，施實德於民，恐不可謂之良吏。爲父祖者，以慶曆距今百八十餘年爲已遠，不遺子孫以生生自庸者，恐不可謂之慈祖父。觀二年竊祿其地，歸臥衡茅，猶未浹歲，遽聞此變，實爲痛心，未免犯衆忌，拂衆情，言城不可補築招禍，惟有位及闔城之父老實圖利之。

注：文見宋林表民輯《赤城集》卷一，中國文史出版社2007年4月出版。

上丞相論台州城築事

宋・陳耆卿

某等生長台城，切見去秋水溢之變，亘古未有，其間委折，當已備徹鈞聽，大造矜憐。推視溺由，已之念蠲租弛禁，移粟散財，務使厚德深仁，浹於存沒，誠不幸中之大幸矣。然自遭巨變以來，死於溺者既不可生，而生者復憂死，勢甚岌岌，台郡愛民體國，必有以其實上聞者，今不敢贅，惟是城築一事，系闔城生靈之命，利害最重，敢不避煩瀆言之。某證得本州雖居萬山之間，而實瀕大海之角，每遇海潮大汛，與山水迎合，則城外之水已常及街，或值淫霖，山水暴漲，則城中闤闠之水便溢半壁，蓋不獨去秋極潦可畏，而常年固患苦之也。所以蔽其南北者，幸有兩山，而所以捍其東西者，幸有城爾。往歲慶曆之水，死者良衆，然視今日，纔十之一。朝廷極力拯卹，尤以城爲重事，至命憲、漕、倉三使者同司督察，而一郡之寮屬，與五邑之令佐，分隅受任者凡十有七人，計度經營，井井有緒，蘇夢齡之記可覆也。次年秋水之至，太守元章簡公又增之。至至和之元年，守孫礪又增築之。嘉祐之六年，守徐億又增築之。淳熙之五年，守趙忠定公又增築之。夫前數公之城，皆得所聞，忠定公之城，或得之所見。皆言補築也，包砌甚厚且堅，邦民不勝按堵。至張弈所爲至和《城記》，亦有"驅人趨作，如赴敵陣"之語，可見其程工之嚴，而慮患之密矣。夫自慶曆至淳熙百三十年，其間非無水災，特以城不徒修，修必可久，故水不爲病，民亦無自而告病也。自淳熙以後，又幾年矣，求如前政數君子畢智盡力，固已寥寥莫見，然猶每歲檢舉修補，或遇雨水，則料撥兵卒，儲積土木，巡守諸門，以爲不虞之備。故其間小水可以無患，大水縱入屋，不至沒屋，或能遷徙人，而不至殺人也。獨自近歲，漫不加意，甚至常用之閘板，預備之泥土，亦皆缺焉。蓋非惟不能如淳熙以前之宏規，而淳熙以後之故事亦不復舉矣。以故去年之水，自西門奔迸而入，其勢如河崩川決，而其聲甚於浙江之潮，澎湃滔天，猝然而至，人未及轉盼搖足，而身與數口爲魚矣。當要衝者，盡室墊溺，餘亦罕有生全者。至若室盧之飄蕩，筐篋之漂流，又皆不暇計也。今士大夫之家，稍富厚之家，徙寓墳庵莊舍者，所在相望，次而捨己地段，寄人籬落，或僦或假，罯不敢以爲安，而雖稍自愛之細民，亦棲托城外，以希旦暮之活，全望有司監近禍之慘，亟修城壁，或可般挈來歸。而自冬及春，雨雪連綿，度皆難於興役，人心惶惑，未知所依，然以某等觀之，固亦有要領矣。蓋此周迴不十里，而北南踞山，自朝天門直北轉東至錢府，皆因山爲城，自錢府直巾子山之東北角，雖合修築，而東面乃下流，極易爲力。又自巾子山之東北角，迴環接興善門，亦因山爲城，非所當慮。獨自興善門越南門至朝天門，乃當天台、仙居兩邑山水，瀰漫而下，徑搗城足之衝，水勢激湍，最爲可畏。去秋之患，蓋正坐此。若欲杜絕後患，須合就此一面極力重築，所築基址，其高厚當加於舊城，而築之之力當如海塘之狀，所用石板，必須厚一尺，長六尺，闊三四尺，先於其下直排平鋪一二層，用山土杵築，又側砌一層，又土杵築，務在以石壓石，愈久愈固，中間則用搏子木杵築取，令十分堅實，而後以大磚包砌之，如此則水勢縱高，可以障塞，而無摧圮墊沒之慮。此所謂要領處也。今聞郡中築塞兩門，已爲□□□□，見修之處，止用徑尺小石甃砌，反不若三四□□□□固。又所修者，只去秋已潰之城，而未潰之城□□□□焉。夫以百八十年之間，歷幾淫潦，更幾巨浸，簸撼衝突之後，不惟敝者不支，而堅者亦敝矣。是故近年以來，每遇汎濫，外水皆由城罅以入，東西南北所在有之。今但見西城之當修，而不知餘城之不可恃，萬一水漲，切恐塞於此而復決於彼，新城縱固，猶不足以支，而況未必固乎？是以邦人雖甚幸城之修，而復預疑城之壞，以爲前痛未定，後憂轉深，皆不能安定闕居，而惟轉徙以逃朝夕也。某投身化治，竊班著之粟，雖幸親脫厄會，而室廬生生之計，至有蕩析絲粟不存者。今族姻故舊類多流亡，來者誦言其狀，且謂某等以鄉人而玷朝士，不能一言，實重有媿焉。用敢述所見聞，冒昧陳控。蓋如某等鄙見，城之依於南北兩山者，已不啻三之一，居下流當修而可畧者，又居三之一，惟西門一面正當水衝，合用石板平側壓砌者，亦僅三之一耳。倘區處有力，則成就亦易，如蒙鈞慈終始矜念，特劄下本州，照所陳如海岸例築疊，併將未潰城壁檢計鼎新，用工或恐所費增多，更乞優降錢粟，以爲之助，則是大丞相再造此邦，邦人永無昏墊之苦，陰功盛德，與日月相爲光明。倘謂不然，則新城既未必堅，而舊城復不可久，後患忽集，前功盡廢，闔城生靈之命，豈不甚可哀哉！某等怵於一邦利害之深，犯分塵瀆，惟與千萬戶稚耋，屏息以俟，仰祈鈞鑒。

注：文見宋林表民輯《赤城集》卷一，中國文史出版社 2007 年 4 月出版。

重修捍城江岸記

元・周潤祖

皇元大一統，盡隳天下城郭，以示無外。獨台城不隳，備水患也。城下為堤，又捍城也。按台襟江帶河，南匯為龍湫，磐石踞江面，天大雨，西南萬壑水至，直擣磐石，怒激橫齧城下，至與潮汐鬭，埶益張。宋慶曆中，城决西南隅，水石盡東去，民半入魚腹。城距今滋久，隄且弗固，歲以官令理之，令頗無遠畫，朝作夕圮，民用大感。至正九年，聖天子嘉惠元元，易樹賢守監，達魯花赤僧住，總管月魯花帖木兒，特被天眷，同牧是邦，既上郡，巡視所守，因相語曰："台固水國，倚城以為命。弗治，如民人社稷何？"亟選善辦事者六人，授以方畫，給以義助錢，董以府史張某，俾專任禦水事。公退，身至江滸，勸相無虛時，六人者樂於趨事，若裕父蠱，輦石高山，取灰於越，外聯大木，築之抵堅，以壯其趾，內積巨石，累之極深，以果其腹。地之卑者封之而致高，壤之虛者除之以布實，亢其背而不奠，澱其壆而不漱，不奠則外不滛，不漱則內不訌，延袤崇廣，周固堅縝，視昔倍蓰焉。明年夏五考成，達魯花赤公舉酒勞役者曰："爾築弗傾，民生是憑。我心攸甯，一日胥慶。敢用酒。"總管釃酒於江曰："方今聖明御極，嶽靈川后，罔不効順，繼自今所不能保厥成功者有如此。"父老子弟懽忭鼓舞，請書貞珉，以無忘侯德。余聞柳子之言曰："古之為國者，惟水事為重。然人心横流，頹波浸潰，有藉於三綱四維者，奚獨曰水哉、水哉！"今賢守監之為國也，涖之以廉明正大之體，鎮之以簡靜貞一之風，所以立我民命，視水事孰能輕重之者！信哲夫所成，固在崇臺堅壁之外哉，是可以恢張侯度，慰荅民心，對揚明命矣。雖然，物之廢興無常，而水之性善變，以無常而遇夫善變，乃欲論其貞久，亦人心有以勝之耳。後之來者，於此有考而述則焉。俾有常而無變，則賢守監之德不亦遠乎？夫書善而不備，君子不貴也。乃申之以辭曰：惟台建邦，須女之野。大江西來，蕩我民社。城堤捍江，將復為隍。守監惠來，操城之綱。掌固獻功，石工具在。手障狂瀾，納之東海。昔也淵水，今也袵席。是翼是馮，惟守監之德。厥德伊何，有郁者麟。族姓振振，信厚且仁。聲聞於天，帝命錫女。爾公爾侯，分茅胙土。六德敷施，五事具舉。是心之充，視溺由己。懷下以德，報上以忠。銘德表忠，用需觀風。

注：文見明李時漸輯《三台文獻錄》卷四，中國文史出版社2008年6月出版。

重修東山閣記

明・邢宥

台郡治之巽隅相距七十弓之地，有閣焉，曰東山閣。地本無山，而閣以山名者，西有山而東不可無也。象於天者，西有昴，東則有房。形於地者，西有華，東則有岱。若圖之八九，書之三七，若榦之乙庚，支之卯酉，此皆天地間自然之對，可相有而不可相無，陰陽家所謂左右瞰者是也。於以奠方位而觀城守，於以來具瞻而開美談，閣蓋不可無作，而亦不可不以山名之也。名積於口，聲積於耳，目若有所見，心若有所懷，不一人然，人人皆然，不一世人然，世世人皆然，是東雖無山，而人自不知其非有也。作之者不爲無意，《赤城志》有圖無說，始作之年若人皆無所考，然《志》作於宋嘉定，則是閣之來固爲遠矣。或曰與城同刱，實始於唐，敝而新之，不可知其幾何也。天順庚辰歲之夏，郡守瓊台邢宥至，又丁閣一敝焉。守覩之，意將有營，而力則未暇也。明年，郡父老以敝告，請遂新之，守之力猶未暇也。又明年，復以告，且曰："其所係者重也，敝之極矣，是不可以已也。"守乃詢諸僚宷，合衆謀而用其長，庀材鳩工，時以農隙，擇於耆老之中，命其能者，敦匠廉者，司出內材，選其良工，核其實，撤其舊，因其址埽而新之，凡百之費一出於規畫，民不與焉。自經至落，不再越月而訖工，其高若大，規模一視乎舊，無其華而實過之，守之意也。落之日，父老咸拜而言曰："閣之成，太守之力。不傷財，不厲民，是可賀也。"守曰："財非不傷也，視義之可否而出內之，不吝也；民非不厲也，擇可勞而勞之，以遠怨也。"又曰："閣之興廢，風水寓焉。民將免災而受福也。是又可賀也。"守曰："風水之說，儒者未之學，關係之有無，不可知也。然所謂災與福，則不在是。《書》曰：'斂時五福，用敷錫厥。'《庶民記》曰：'福者百順之名也。'職民社稷者，能宣布聖天子德化，俾斯民於極之敷言，是訓是行，內外各盡其道，而無罔其所生，乃所謂福也。守則未能也，反是爲災，守蓋憂之，若曰災與福在是，則非也。"郡父老再拜曰："太守言及此，吾民之福也。請刻石以爲記。"於是乎書以歸之。

注：文見明謝鐸輯《赤城後集》卷六，中國文史出版社2007年9月出版。

修城記

清・胡文燁

法曰：地所以養民，城所以守地，人所以維城。三者，治國之本務也。台郡駢山貫江，無珍珠瑠鐵之產，無苞筐輝緝之饒，山頑峭不利賈，土磽確不豐稼。邇來連遭兵燹，百姓創疲，徵賦難斷，吏日操箠而督之，亦茫無以應。且城蕪池壅，人惰兵諱，一有不測，止袖手委而去之。余承乏帶台備兵，自剡溪而東，邑無人邑，鄉無人鄉，踉嗆至台。台故事，兵使將按署，吏胥先斂民間，盛粻糈，美帳褥珍器以邀上下歡，無問殘疲，亦鞭策為之。余單騎赴司，所用惟杌几措牀，水一盂，甌數枚，非敢矯激，亦以云救也。及巡歷城池，見城制狹而疏，闉牆逼仄，砌除湫茸，丸泥可封，心甚惻之。適幕府經歷深相詳酌，余復同署協鎮君佐魏公暨廣川王司李端景相勢，度木凝土，徵地形之偏而察其紀，順陰陽之宜而從其候，外則浚河樹柵，襟帶為雄；內則開拓餘丈，廣袤寬坦，址因地闢，壘與顛平。又先與王司李議，請重鎮建纛赤城，以資彈壓。隨蒙三院會題，移定鎮前川張公駐台。張公壯猷宏略，威懾薄海，至則趣視周城，相機設備。復於北城高處，建敵臺數座，謀周慮遠，翻空出奇。僥幸子來，成以不日，余時同張公、王司李登而眺之：崇閎豐隆，高明朗融；蹄從蹀躞，軾聽和雍；積陰起而暉陽，沴氣散為祥風。若乃飛磴雲基，君子攸躋，天地若開，山川如碁，高原下隰，赤霞相宜；騁遊目於天涯，縱曠境於雲端。設聞烽警，飭眾登陴，木石懸權，亦堅亦利，即天潢飛江逆波，上流不敢越渡；即天羅武落行馬，蒺藜不敢橫衝；即飛橋轉圜，轆轤齟齬，不敢輕逾溝塹。晝而風舞旌搖，不慮雲梯遠瞭；夜而吹笳振鐸，不憂萬炬燒紅。周備於內，制勝於外，勝備相應，若合符節。欲為畫灰書几，可當密議之水亭；不必縱橫鑿渠，竟似連綿之布綱。忘其久而無所為久之妙，運其久於有所為久之術。由此黃邑效而設防，海關懲而加毖，增船增兵。法曰：一神明，二垂光，三洪敘，四無敵，馴而致之。余策短心長，藉是可釋蚊負矣。或謂四盡三空，工繁期促，矧兹秧開五葉，蠶育三眠，於民業無少妨乎？余曰："否、否。"余與張公倡之於前，王司李以實意體而行之，率僚屬捐俸以從，而紳袍士民又嬉嬉然急功而效力，相助為理，閱數旬而工已竣。問余，余不知；問之郡邑長，郡邑長不知；問之鄉紳士民，不知。昔衛嗣君因□役民，民弗安，以告簿□曰："是役也，將以為民，奚弗知？"簿□曰："凡利民之意，使民知，不如民自知；民自知，又不如民為之而終不知為之利。《語》不云乎：'震震冥冥，□躅皆驚；默默昧昧，其□□逮。'"抑余猶有說焉，法曰：奪敵之氣有五，深溝高壘□其□。乃總而歸之，曰：有禮信親愛之風，可以飢而飽；有孝慈廉信之俗，可□□易。厚其本而協其氣，民心聯絡，四輕二重，可不勞而成功。然則善制而師儉，修德以惠民，議城守而先議所以守之者，所望於來賢及諸郡邑長，鞏千載苞桑之業，以勖余所不逮。爰甃揪石，鑱而誌之。

注：此篇原附民國《臨海縣志》卷五《建置·城池》，無篇題，現題為編者所加。

二、当代学者研究文章

江南八达岭 巍巍临海城

罗哲文

巍巍长城，其绝大部分横亘在我国北方的崇山峻岭之间，屹立两千多年。她早已成为中华民族坚强不屈力量的象征。北京的居庸关八达岭，是万里长城中最为雄伟壮观的部分之一，早已驰名中外。

雄关不独北国有。千百年来，祖辈先民构筑了数不清的城防设施和军事要塞，以之抵御入侵，保境安民。坚固的城防，雄伟的结构，丰富的历史文化内涵，构成了中华大地上独具特色的古城文化。岁月沧桑，斗转星移，遗存已经非常稀少。而浙江临海的古城墙，却是独具特色的古城墙硕果仅存者之一。

临海古城墙有着悠久的历史。自晋代开创以来，已有1600余年，迭经唐、宋、元、明、清诸朝不断修筑增扩，其主体部分一直保存到今天。古城墙沿江修筑而上，依山就势，逶迤曲折，雄险壮观。尤其是北固山一段，建于危崖之巅，飞舞盘旋，敌台林立，雉堞连云，城楼高峙，与北京八达岭相较，可称双绝，称之为"江南八达岭"，并不过誉。更有其独特之处是，临海古城墙两侧，古木参天，常年苍翠，城墙掩映在青绿丛中，更增添了一分灵秀。

临海古城墙，除了御敌的功能之外，还有一个十分重要的作用，就是防洪的功能。城墙有三分之一的长度是沿着灵江修筑，台州府城正位于灵江入海近处，江水与潮水相碰，水位升高，时常漫上城来。城墙有如大堤，千余年来抗击着洪水的冲击。为此，临海城墙在修筑设计上，采取了特有的措施，把瓮城修作弧形，特别是把"马面"迎水的一方修作半圆弧形（其余一面仍为方形），在全国古城墙中，十分罕见，目前所知尚属孤例。由于城墙的抗洪作用，在元朝灭掉南宋时，元帝曾下令拆毁江南所有古城墙，以利其铁骑长驱直入，而临海城墙却因其无法替代的防洪功能，得到了特旨免拆。

更为值得一提的是，有"江南八达岭"之称的临海古城，在明代抗倭斗争中作出了巨大的贡献。抗倭名将戚继光在临海八年，会同台州知府谭纶改造了临海古城墙的结构，将其加高加厚，并创造性地修筑了十三座二层空心敌台，极大地增强了防守能力。戚家军以临海古城为据点，策应闽浙沿海守防，屡败倭寇，九战九捷，洗雪国耻，扬眉吐气，大振国威。后来，由于北方长城防务的需要，朝廷特将戚继光、谭纶调到北京委以重任。戚继光在任蓟镇总兵时，将他在临海修筑城防的经验，运用到北方长城的增扩加强上。今存蓟镇、昌镇、宣府、大同、山西等镇的长城，都是按他的规划设计加以改进增筑加强过的。为了满足他改建北方长城的需要，特抽调了曾经参加改建临海城墙的三千“江东子弟兵”充任领工、监理和技术指导。现在北京八达岭、慕田峪、司马台、古北口、天津黄崖关、河北山海关附近的老龙头、角山等处长城的雄姿，均是经戚继光改进之后所留下来的。可以说，临海古城墙堪称北京八达岭等处长城的“师范”和“蓝本”。

临海是国家历史文化名城，该市领导和有关主管部门，十分重视这一珍贵历史文化遗产的保护与弘扬发展的工作。他们以弘扬中华传统文化为目标，以保护历史文化遗产为己任，有远见、有理想、有规划、有措施、有行动，成绩斐然，令人欣慰。历史文化遗存，是一座城市、一个民族的灵魂和根基，理当倍加爱护。我相信珍惜自己的历史文化遗产，保护自己名胜古迹和自然环境的城市，一定会越来越多！

五十年来，我一直奔走在长城上下，与万里长城结下了深厚的感情，48 年前就参加了八达岭长城的修复工作，不知多少次奔走于八达岭长城上下，又曾多次饱览了临海古城墙的雄风，深受它们的感染与吸引。在这一介绍临海古城画册出版之际，特写了几句冗言，并题写了“江南八达岭，巍巍临海城”的题词，以为赞美与祝贺。

注：此文系罗先生为新华出版社 2000 年 10 月出版之《江南长城》一书所作之序言。

台州府城墙（靖越门东侧）解剖报告

郑嘉励（浙江省文物考古研究所）

为了解台州府城墙的历史堆筑过程，2011 年 5 月 16 日至 25 日，浙江省文物考古研究所会同临海市博物馆，对位于灵江大桥东侧城墙的原有豁口断面，进行了考古发掘，获取该段城墙更清晰的剖面。现报告如下：

一、剖面所在位置

1964 年建造临海灵江大桥时，曾挖穿南城墙，并于东侧留下一个豁口，长期暴露于野外。该豁口提供了有关台州府城墙堆筑过程的诸多信息。工作之前，该豁口已为民房、茅草所掩。我们在原有豁口的基础上，稍作整修，并解剖至生土，形成一个更为清晰、完整的城墙剖面。

该剖面位于台州府城南城墙的东端，西距靖越门约 80 余米，距东南城墙拐角处约 28 米（图 1）。南城墙面临灵江，在历史上，除防御敌寇，更承担城市防洪的功能。

◎图 1

二、剖面地层堆积情况

现存墙体距离地表约 5 米，距生土层约 8.8 米。共分为 12 层（图 2、图 3）。

第①层，厚 0.2~0.3 米，为现代耕土层，发掘前，为菜地。

第②层，厚 0~3.8 米，灰黄土，夹杂大量碎石、乱砖。外城包石无存。

◎图 2–1

◎图 2–2

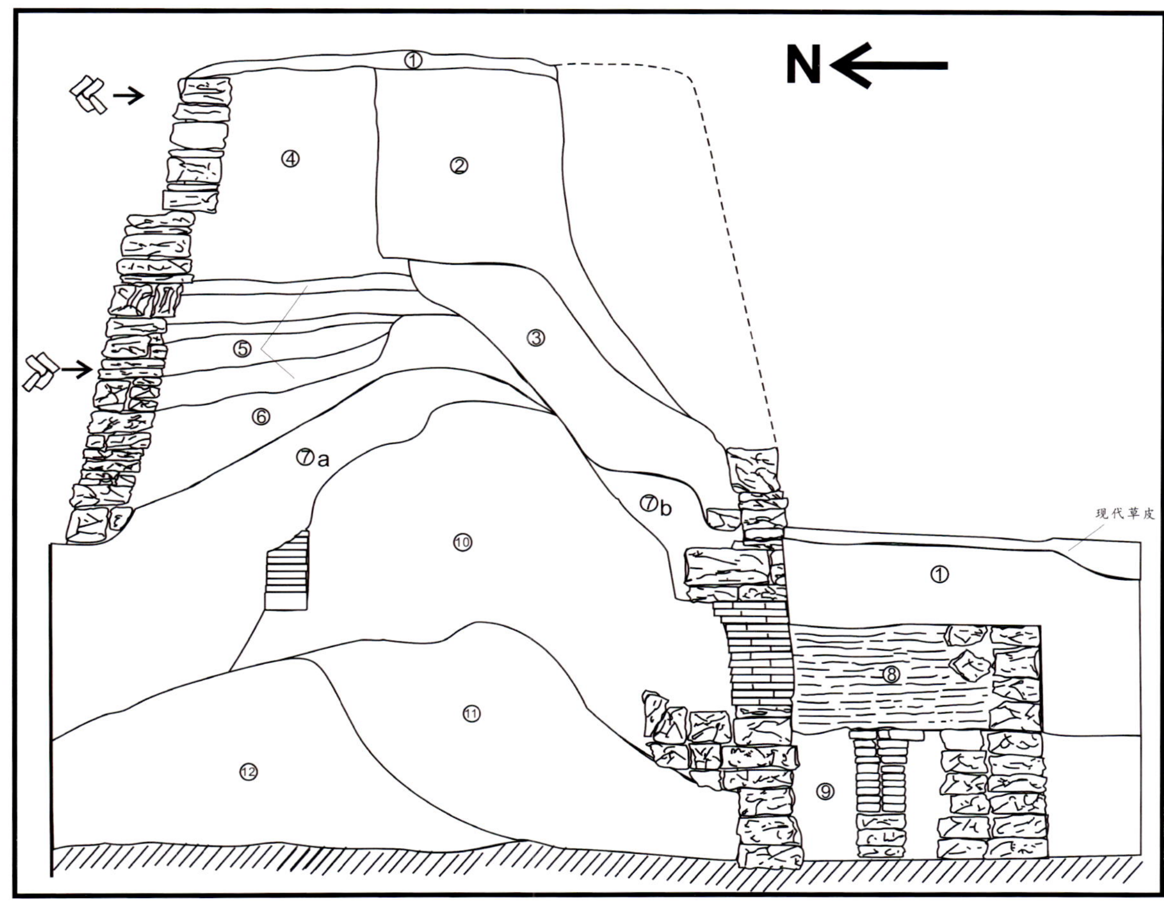

◎图 3

◎图 4　◎图 5　◎图 6　◎图 7

第③层，厚 0~2.7 米，黄土，土质疏松，夹杂瓦片、城墙碎石。外城包石，以“一横一竖”的工艺包砌（图 4）。

第④层，厚 0.2~2.4 米，灰褐土，土质致密，系内城的墙体。内城包石，以“人字砌”工艺包砌（图 5）。

第⑤层，厚 0~1.4 米。系水平分布的夯土层，见有 5 层层次清晰的夯土。内城包石，以相反方向的“人字砌”工艺包砌（图 5）。

第⑥层，厚 0~2.1 米。黑色土，土质疏松，夹杂有板瓦残片。内城包石，为现存内城的基础部分。

第⑦ a 层，厚 0~3.9 米。黄褐土，土质致密，夹杂明代瓷片、板瓦等。

第⑦ b 层，厚 0~0.9 米。其外为现存外城的条石城基。

第⑧层，厚 1.1~2.5 米。深褐色的夯土层，夯层清晰，夹杂城砖等物，其外以条石包砌（图 6）。

第⑨层，厚约 1.4 米。黄土，土质纯净，其外以城砖（城砖规格长 34、宽 18、厚 6~6.5 厘米）包砌（图 7）。

第⑩层，厚0~4.2米。黄土，土质纯净，城内、城外皆包砖，城砖规格长34、宽18~20、厚6.3~6.8厘米。外城包砖的基址为条石（图8）。

第⑪层，厚0~2.6米。为“青膏泥”层，土质致密、黏稠，出土大量绳纹板瓦、六朝墓砖、莲瓣纹瓦当、汉六朝至北宋青瓷，最晚遗物为北宋早中期的“越窑类型”青瓷（图9）。

第⑫层，厚0~1.5米。黄土，土质纯净致密。出土遗物，主要为晚唐至北宋早中期的陶瓷器。

三、地层成因及年代推断

第①层，为现代耕作层。

第②层，堆积呈相对方正的“土坑状”，城外的包石无存，推测为二十世纪六十年代修建灵江大桥时取土所致。

◎（左）图8
◎（右）图9

◎（上）图 10
◎（中）图 11
◎（下）图 12

第③层，城外包石系“一竖一横”的包砌工艺。此种砌法，与现存台州府城西线部分石墙、靖越门瓮城的砌石工艺完全不同。此等工艺差异，应有年代意义。按，今见靖越门等瓮城，为康熙五十一年（1712）台州知府张联元修复。又据当地老人回忆，该段南墙现状自民国以来未经改变。据此，第③层年代应晚于康熙五十一年（1712）、早于民国时期，今姑且系于清代中晚期。

与第④层对应的内城包石，采用“人字砌”工艺，年代应较第③层稍早，但也应晚于康熙五十一年（1712）。

第⑤层，是短期内次第形成的夯土层，与其对应的内城包石，采用反方向的“人字砌”工艺。这是内城上、下墙体包石的不同工艺处理方式，年代应与第④层相仿。

第⑥层，夹杂板瓦、明代的厚大城砖。推测其年代约当康熙年间或稍早。

第⑦ a 层，因为发掘面积有限，未获得大量遗物。据少量瓷片判断，应为清代早期墙体。

第⑦ b 层，年代与⑦ a 相当。果如是，今台州府城南线与东线毗邻处的仍暴露地表的城墙包石，全为清代遗物，但经过不少于三次的维修、增筑。

第⑧层，从“堆积相”判断，是附属于城墙外侧的用以抵御洪水的“捍城”。据元·周润祖《重修捍城江岸记》，元至正九年曾有规模宏大的修建西、南城墙“捍城”的举动。据此，第⑧层即为元末“捍城”遗迹，由此知，当时的捍城，以条石驳边。

第⑨层，亦为附属于城墙外侧的用以抵御洪水的“捍城”。据南宋·王象祖《重修子城记》，西、南城墙外加筑“捍城”，始于南宋绍定二年（1229）。第⑨层外的包砖，规格长 34、宽 18、厚 6~6.5 厘米，亦符合宋砖特征。据此，第⑨层应为南宋后期“捍城”。

第⑩层，堆积纯净，内、外皆包砖，城砖长 34、宽 18~20、厚 6.3~6.8 厘米，是典型的两宋城砖。此处堆土为早年所取，遗物甚少，姑且定为“宋城”。又，从堆积的标高可知，内城、外城的基址落差较大，城内地面高、而城外低。

第⑪层，为“青膏泥”层，土质紧密，防渗水性极好，可视为第⑩层的基础处理工艺。因面临大江之故，“宋城”基址经过严密的防渗水处理。该层出土遗物较丰富，最早的为东汉弦纹罐，其他如三国西晋的墓砖、斜方格纹带碗、三足洗等，皆该时期墓葬的习见之物；唐代遗物有玉璧底碗，内底粘有“松子状”泥点的侈口大碗也是典型的中晚唐遗物；莲瓣纹瓦当，也呈典型唐代风格；内底粘有“不连续泥条”的青瓷碗，可定为五代末至北宋初遗物；该层出土的最晚遗物为北宋早中期的“越窑类型”碗（外底以垫圈支烧的青瓷素面碗）（图10、11、12）。据此，判断⑪层为北宋中期的“城芯”。又，考虑到第⑩层内侧包砖、外侧上部包砖并以条石为城基，据北宋·苏梦龄《台州新城记》，台州城墙外侧以砖石混筑包面，始于北宋庆历五年（1045）。据此，我们判断第⑩、⑪层，即为北宋庆历五年或稍晚的墙体。

第⑫层，叠压于⑪层下，出土遗物有少量东汉至西晋瓷器，多为唐代直筒罐、执壶，最晚遗物亦为北宋早中期瓷器（图13）。可见，第⑫层与⑪年代相当，只因第⑫层位于城墙内侧，并不直

◎图13

面洪水侵蚀，在基址采取了不同堆砌工艺。而第⑫层遗物，未见早期建筑构件，土质、土色亦与第⑪层迥然不同，是为取土自不同地点之故。

第⑫层下为生土，该处未有年代更早的墙体叠压其下。

四、一点认识

第⑩、⑪、⑫三层年代接近，同为北宋庆历年间或稍晚的“城芯”。由此推断，台州府城现存的西、南线的“城芯”主体普遍都是北宋遗构。此后的台州府城墙，就是在北宋城的基础上逐次加高、加厚形成的。

至于城墙加高加厚、次第维修的具体情形，该剖面反映的只是该处城墙的历代修筑情形，并不具有普遍意义。事实上也是如此，不同区段城墙的维修增筑状况千差万别。本次揭露的剖面，与 1995 年 7 月，因埋设城市排污管道于兴善门西侧所开豁口的剖面所见，堆积状况多有不同（图 14）；与 1984 年，新建望江门大桥时所开豁口，亦多不同（图 15）。

第⑪层内出土汉六朝时期墓砖、制作精良的同期青瓷器，甚至有制作精工的唐代莲瓣纹瓦当。依常理，筑城的取土点应在附近，故可推断今临海城早在汉六朝时期已有相当规模之聚落。而至唐代，更有高规格建筑的存在。

北宋城墙的外侧，建有两个时期的“捍城”。足证台州城的早期历史，即已高度重视城墙的防洪功能。而北宋城基址以“青膏泥”填筑，则更见其防水的匠心。

史载，台州城始筑于唐武德四年（621）。今次发掘所见，第⑫层下为生土，未见年代更早的墙体。但是，绝不能据此作“唐代台州无城”的结论。因为，唐代台州的南城墙基址，是否必定在此位置，尚为未知之数。我们可以肯定的是，自从北宋中期以降，台州城墙南线的位置，历经元明清三代，迄今未变。

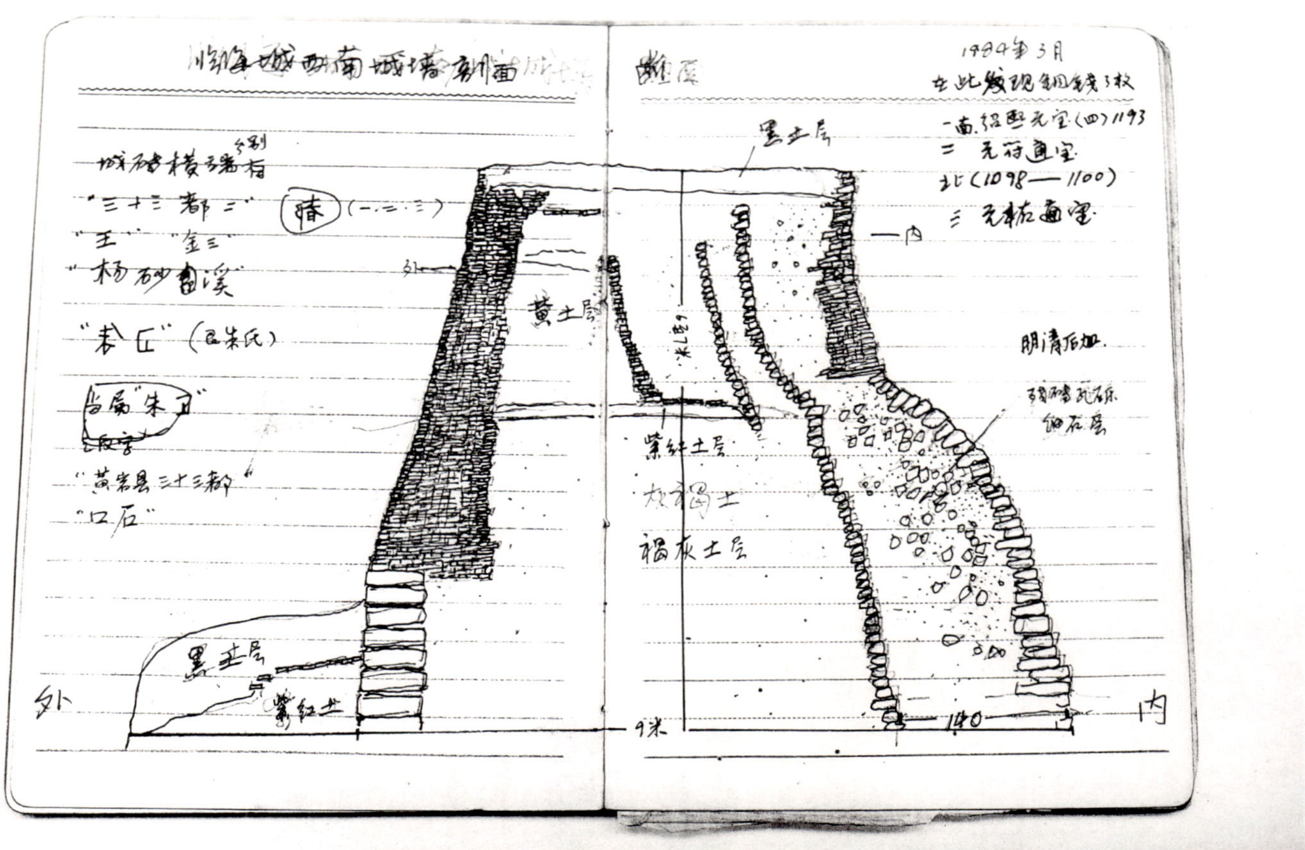

◎（右上）图 14
◎（右下）图 15

台州元宵中秋风俗形成考

卢如平

一

元宵、中秋是我国的传统节日，分别在每年的农历正月十五和八月十五。可是在台州，这两个节日的时间却与众不同。元宵节比别处早一天，是正月十四，而中秋节却比别处晚一天，为八月十六。为何在台州这两个节日会与全国各地大相径庭呢？民间流传着许多美好的传说。

（一）孝子改节説

明代临海城关秦鸣雷，生弥月丧母，五龄丧父，出嗣于伯父秦文，未几秦文亦亡故，由其伯母（继母）杨夫人含辛茹苦抚养长大。嘉靖二十三年（1554），秦鸣雷 27 岁中进士，廷试对策，阁臣进呈拟第三，时方明世宗祈雨郊坛，看其名，大喜，亲擢第一，为状元。秦曾任南京礼部尚书，总校《永乐大典》。饮水思源，秦鸣雷对伯母极为尊敬孝顺，每逢节日，总是精心备办佳肴美食供奉。可是伯母信佛，初一、十五都要戒荤吃素，为了使他的伯母也能和家人一起享受节日的口福，特将元宵提前一天，中秋推迟一天。

类似的还有明南京礼部右侍郎兼国子监祭酒谢铎（太平人），元末割据台州、温州、庆元（今宁波）三路的方国珍（黄岩人），清台州知府刘敖侍母至孝而改元宵、中秋的传说。

（二）戚继光抗倭説

计谋说：戚继光在台州抗倭时因作战机密被泄露，戚将军将计就计把元宵节提前一夜，从而一举歼灭入侵倭寇。从此，元宵改为十四。

爱民说：相传有一年正月十四，戚继光带兵进驻临海桃渚城。解粮官张里道将军来帐前禀报，说大批军粮第二天上午才能解到，而库里的粮食当晚已不够用，请示能否向城里百姓借粮。戚继光说桃渚城里的百姓多次遭倭寇洗劫，而且为了支援戚家军已经省吃俭用了，怎好再给他们增加负担？让张里道回去再想办法。张里道想来想去，想出了一顿饭两顿吃的办法，他带领士兵把剩下的粮食磨成粉，兑水熬成糊状，再加入各种蔬菜、肉类、豆制品和调味品，制成味道不错的糟羹。当晚和第二天早上，全部将士都吃这种糟羹。消息传出，桃渚百姓非常感动，为纪念此事就把元宵改为正月十四，糟羹也成为元宵的传统食品。

剿敌说：有一年正月十四，戚继光率领戚家军在海边打垮了一股入侵的倭寇。倭寇无船出海，只得往内地逃窜。逃到黄岩时天色已晚，他们像丧家犬一样到处乱窜，有的躲进橘林，有的藏身民房。戚继光率军赶到，百姓纷纷点灯燃烛，帮助戚家军搜索残敌。一时间，城里城外，每间房屋，每片橘林，到处灯火通明。倭寇无处藏身，全部被消灭。为纪念这一事件，百姓把元宵节改到正月十四夜，并在房前屋后、橘林内外点灯燃烛，后来相沿成俗。

庆功说：相传，当年抗倭形势吃紧，戚继光率军于中秋之夜扫荡倭寇，一举大获全胜。次日夜，军民同庆抗倭胜利，并补过中秋佳节。后来为了纪念这一事件，百姓过中秋总是推迟一天，相沿成俗。

（三）史氏误期说

明州（今宁波）鄞县史浩、史弥远父子在南宋期间先后担任右丞相，其中史弥远在南宋一朝任相时间最长，宁宗时执政 17 年，理宗时 9 年。在宁波，中秋延期传说与史氏有关。

史浩孝母说：史浩是孝宗时的丞相，侍母至孝，他母亲的生日是八月十六，而每年过中秋他只能向皇帝请一天假，若陪父母过中秋就不能再给母亲祝寿。于是史浩想了个办法，把明州的中秋推迟一天，这样，既陪皇帝过中秋，又能转天从临安（今杭州）返回老家孝敬父母，忠孝两全。明州百姓以出了丞相为荣，当然全力配合。从此，宁波八月十六过中秋的习俗就流传了下来。

马祸说：相传有一年，史弥远（一说为史浩）决定中秋回家团圆，明州百姓接到中秋要大庆的通知，便早早地做好了迎接史丞相的准备。但左等右等，直到十六才见到史弥远。原来史弥远十五早晨从临安出发，不凑巧碰上了暴雨，途中马失前蹄，不得已在绍兴过了一夜，直到十六日傍晚才赶回家乡。于是大家就在他到达的这天过中秋节，以后便相沿成俗。

罢职返乡说：史弥远被罢相。史为官几十年，家室一直留在明州，逢年过节，不能共享天伦之乐。如今罢官回乡，恰逢中秋临近，于是急派家仆飞马寄书，报与老母妻儿，约期中秋，合家欢聚。谁知返回明州老家已是八月十六，全家老少已苦等了一昼夜。史弥远一下马就向老母赔罪："儿误时了！"史母笑容满面地说："不误，十五的中秋，咱们就十六过吧！"对门的邻里水沓先生接口说："对！对！八月十五正团圆，十六中秋有情缘。"乡邻们也记挂着至期未归的史弥远，大家都自动把中秋节推迟了一天。

迟到的御赐月饼：每年中秋，南宋皇帝总要赏赐一些礼品给重臣及其家属。这一年八月十五，史浩收到皇上的御赐宫廷月饼后，马上派人快马加鞭送回鄞县老家，因路途崎岖，送到已是十六日，于是史府只得把所有庆祝活动都改到了八月十六。为了避免往后几年再出现这样的尴尬，百姓顺水推舟把十六过节的习俗延续下来。

（四）唐初筑城說

开工说：相传唐初大将尉迟恭（一说为刺史尉迟缭）征来大量民工修筑台州城。开工这天是正月十四，天寒地冻，大雪纷飞，滴水成冰，冻得民工双手麻木，连工具也拿不住。任凭筑城官催逼，工作效率依然很低。这时，有个民工心想：天气实在太冷，只有喝酒才能御寒。可是民工都是穷人，哪有钱买酒。于是他向筑城官建议："老酒糟里有余酒，去酒坊里弄些酒糟来，加上菜、米粉，煮几锅羹给大家喝，暖和了身子好干活。"筑城官一听，觉得有理，当下就派了几个人，弄来几担酒糟，烧了大批"糟羹"给民工喝。民工喝了糟羹，果然周身发热，干活也有劲了，筑城进度很快。城造成后，人们为了以志纪念，就保留了正月十四吃糟羹的习俗。

◎尉迟恭冒雪筑台城：当地一直流传着尉迟恭冒雪筑台城的故事，大意谓尉迟将军指挥军民筑城，适逢大雪，其中百步峻一段由于陡峭异常，筑而即圮。正月十四夜，忽见一头梅花鹿飞奔而过，尉迟将军灵机一动，即命众将士沿着梅花鹿的足迹奋力疾筑，果然一举而就。为了纪念，台州府城也就有了鹿城之美称。其间，当地百姓以糟羹犒军，这一插曲又形成了台州一带正月十四闹元宵的习俗。

海盗说、犒军说：唐初台州（临海）常遭海盗烧抢，当时刺史尉迟缭（又说大将尉迟恭）发动士兵筑城防盗。开工时，正值民间闹元宵，海盗趁机在台州湾登陆。尉迟刺史得知后，一面派兵剿盗，一面加紧筑城。当晚，风雪交加，造城进度很慢。百姓们聚在一起商议，烧些什么食物夜里送去慰劳筑城的将士呢？有人说送酒菜去，吃了可以御寒。可尉迟刺史规定，兵士不许饮酒。另一个人想出好办法：用带糟新酒当水，调进好菜和粉，搅成糟羹，又好吃又御寒。果然，将士们喝了糟羹，周身发热，不怕严寒，干活更有劲，筑城进度大大加快。从此，每年正月十四吃糟羹的风俗，便在台州流传下来。（类似还有一个传说并不涉及海盗，仅是"天寒以犒军，遂成故事"。）

竣工说：唐初开国元勋尉迟恭组织大批民工筑台州城，正月十四竣工。民工回家，家人团聚，但过年已近半月，好吃的东西也差不多没了。每户人家尽其余留年货合煮，团聚而食，谓糟羹，从此相沿成俗。

尉迟恭说：唐初开国元勋尉迟恭坐镇台州筑城（又说刺史尉迟缭），时近年末，天寒地冻，材料又缺乏，开工不久连砌墙用的蛎灰浆都严重短缺，眼看工程进度慢了下来，一位老农献计说，用米粉加黄泥搅拌成浆，黏度效果很好，一试果然。筑城是重体力活，一民工因不堪饥寒，偷吃了筑城用的米粉糊，按律当处理。尉迟恭仁慈体民，遂将一部分米粉糊拌黄泥筑城，一部分掺菜、笋等烧成羹给民工当点心。民工的积极性得到了激发，筑城速度大增。因此事发生在正月十四，故台州的元宵改为十四，并吃糟羹。

（五）方国珍改节説

元末黄岩人方国珍起事，占领了台州、庆元（今宁波）、温州三路。台州的元宵、中秋不同于全国各地，许多传说都与方有关，除上述的孝子改节说之外，还有以下传说。

起事说：元末中秋节起义，农民在月饼里暗藏传单，分送亲邻，约定在八月十六日晚上一同举事。后为纪念把中秋改为十六，沿而成俗。

防敌说：方国珍为防元朝官兵和朱元璋的部队利用节日的机会来偷袭而改“正月十四为元宵，八月十六为中秋”。

方妻说：方国珍的夫人董氏生日是正月十四，所以把元宵提前一夜。

方母说：方国珍的母亲周氏生日是八月十六日，所以把中秋推迟一晚。

方国珍生日说：方国珍是八月十六日出生，遂于得势后将所割据地区的中秋改为八月十六。

◎方国珍威震台州路：方国珍于至正八年（1348）聚众反元，到至正十五年（1355）七月据有台州、温州、庆元（今宁波）之地，元惠宗不得已授以江浙行省参知政事、海道运粮万户，后又授以江浙行省平章政事。入明后败降于朱元璋。

二

关于台州元宵、中秋节俗的传说，笔者管见所及，就有 20 余种之多，孰真孰伪，莫衷一是。笔者愚见，窃以为应从流传的地域入手进行考证。因而，笔者对台州周边区域进行了一次调查：台州各县市区除温岭、玉环两县市的闽南籍渔民后裔外，均以正月十四为元宵、八月十六为中秋。宁波地区的宁海、象山两县以正月十四为元宵，其他县市区均以正月十五为元宵；而所有县市区均以八月十六为中秋。舟山地区的元宵均为正月十五，中秋均为八月十六。温州地区元宵均为正月十五；中秋原来大部分地域为八月十六，现在基本上为八月十五。绍兴、金华、丽水三地均以正月十五为元宵，八月十五为中秋。

以正月十四为元宵的除了台州各县市区外，还有现宁海县和象山县。宁海县，自晋太康元年（280）立县起，长时期属于台州（临海郡），1958 年划属宁波专区；而象山县，系唐神龙元年（705）分宁海县和时属越州的鄮县置，立县时属台州，到广德二年（764）改属明州 [开元二十六年（738）

分越州置]，故元宵为正月十四的地域系唐前期的台州地域。

舟山地区原属宁波（明州、庆元），1953年分宁波而置，故以（含曾以）八月十六为中秋的是历史上的台州、宁波、温州三府之地域。

在明确习俗的区域后再来考证各种传说。

关于孝子改节说。秦鸣雷、谢铎中状元、进士后，开始都担任翰林修撰、庶吉士等中低级文官，这样的职位要改变州级区域的习俗，似乎影响力尚嫌不足。到晚期，秦鸣雷曾担任南京礼部尚书，谢铎曾担任南京礼部右侍郎兼国子监祭酒，权力是大了，但这两人已分别是54岁、65岁了，秦鸣雷伯母却已亡故20多年了［1］，而谢铎的母亲是否健在值得探讨。再则，传统的节日除了元宵、中秋外，还有七月半是七月十五日，春节是正月初一，若为母亲吃素而改，为何仅改前二者，而没改后二者？而方国珍起事后曾占领台州、庆元、温州三路，要改变节日时间的权力是有的，但若统一改变则为何形成习俗的区域不同？再则，方母周氏在方国珍起事不久而尚未形成足够势力时即已病故。而刘敖改节说则更加离谱。综上所述，孝子改节说似乎证据不足。

关于因戚继光抗倭而改节之说。明嘉靖年间，倭寇最活跃、最猖獗的时节，主要是每年清明节之后的农历三至五月间，以及重阳节之后的农历九、十月间。查明史、台州有关方志及戚继光的有关书籍，未发现有记载戚家军于元宵、中秋前后在台州抗倭的战事。故笔者认为因纪念抗倭而改节证据也不足。究其原因，可能是民族英雄戚继光平定了为患数百年的倭寇，台州百姓为感恩，因而产生了许多美丽的传说。

关于在宁波流传的史氏误期改节说。如果从史氏的权力和影响力等角度分析，在宁波有一定的说服力。舟山因历史上地属宁波，故而自然向宁波看齐。然而，从来不属宁波管辖，风俗民情与宁波相去甚远的台州、温州，又何至于受宁波影响如此之大？而原来长期与宁波同属一州郡、风俗民情相对接近的绍兴地区却又为何没有一点影响的痕迹呢？故史氏误期改节说依据也欠充足。

关于台州元宵节俗的形成，还有两个与方国珍有关的传说，一是防敌说，二是因夫人生日改节说。从方国珍割据的区域、开府庆元、元宵节俗的流传区域三个因素来分析也可予以排除。这样，元宵节俗的形成就留下了筑城说。台州原为临海郡，隋开皇九年（589）与永嘉郡合并为处州（后改括州），唐武德四年（621）十一月，江南一带进入唐版图，既而州县重新设置并命名，原临海郡的地域从括州分出设置为台州，并马上组织筑城。台州城始建于东晋元兴元年（402），系郡守辛景为抵御孙恩义军依托龙顾山而筑，范围较小，唐初大规模扩建。筑城时间与民间传说和以正月十四为元宵习俗的流传区域都相吻合；而《民国临海县志》引《台州府志》说："上元张灯……钱镠时添为五日，俗以十四为重"，［2］从时空概念上解释，故事发生在唐初无疑。故笔者赞同筑城说。而围绕筑城说，又有几个传说，其中海盗说缺乏证据，方志也未有该时间段的战事记录；开工说时间又比史料晚了些；竣工说只涉及少数家庭，其影响力似乎又小了些。笔者愚见，故事发生在工程期间较为合理，犒军或者民工偷吃米粉糊引出的故事都比较可信。通过与徐三见先生等方史专家的探讨，我们认为糟羹的原材料是米粉，但黏度稍差，因而筑城采用的是糯米粉和桐油等混合材料，故笔者更倾向于犒军说。至于传说中的筑城主将，尉迟恭历史上有无到过台州，仅有《台州吊古八咏》首篇曰“尉迟故城”，似乎可以据此作为尉迟恭造台州城的凭证，而衢州城相传亦为尉迟恭率兵所建[3]，可从侧面引证尉迟恭于武德四年来过浙江，但又缺乏新旧《唐书》等文献的有力佐证；唐初台州刺史中有无尉迟恭其人，也缺相关史料。从传说角度，笔者愚见，为追求名人效应，按上尉迟恭也未尝不可。

关于台州中秋节俗的形成，发生在方国珍以外的传说，均不具备合理性，排除了其他传说以后，留下的是有关方国珍的传说。元至正八年（1348）十一月，方国珍被仇家诬告私通海盗，遂组织亲友杀死仇家而起事。得势后割据浙东台州、庆元、温州三路。故方国珍有改变习俗的权力，而中秋节改为八月十六在台州、宁波流传最广的也是方国珍说，并且台、甬、温三地自古至今相对形成一体的也就是在元末方国珍割据时期，以方国珍的势力范围，印证习俗的流行地区，方氏改节说应该不是传说，而是实实在在的源头，故笔者赞同这个传说。而有关方国珍传说中的起事说，《浙江通史》、《台州地区志》等相关史料载，起事时间是农历十一月［4］，故起事说是错误的；而防敌说，也缺乏佐证。这样就留下因生日而改节之说，方国珍的生日在《明史》及相关史料中都没有记载，仅《黄岩志》有“十六日为方母周氏生日”［5］一语。因此，窃以为由此可认定方国珍因其母生日为八月十六，起事得势后在割据地域将中秋节改为八月十六。

三

综上所述，台州的元宵、中秋节俗传说可整理为：

元宵的传说：唐武德四年（621）十一月，唐将杜伏威战败李子通，七日，李子通投降，江南一带进入唐王朝版图，南北朝时的临海郡境域设置为台州，开国大将尉迟恭坐镇台州扩建城墙。因台州治所一面靠山，三面临水，地势复杂，修筑之始塌方滑坡时现。一天晚上，尉迟恭在苦恼中入睡，梦中见一梅花鹿反复跳入其床上用蹄推其身体，恼火中醒来发现晨曦初现，夜里下了一场大雪，雪地中有一行醒目的鹿蹄印。随着鹿的足迹追寻，发现刚好围绕一大圈。尉迟恭很惊奇，也很高兴，忙命人按鹿的足迹筑城，工程非常顺利，故台州府城又名鹿城。为纪念梅花鹿指点，尉迟恭又令手下用面粉将鹿蹄印拓下来，烘烤成形。由于太阳照射，积雪有些融化，拓下来的蹄模已不像鹿蹄，与羊蹄倒很像，故府城留传下来一种风味特色小吃叫“羊脚蹄”。随着工程的进展，台州的父老乡亲看到士兵、民工在冰天雪地中筑城非常辛苦，家家户户纷纷捐献粮食、酒菜等前来慰劳。为图省事，正月十四那一天，尉迟恭采纳了一位老者的建议，将大米磨成粉，用酒水烧开，然后加入笋、肉、菜等，搅成糊状，味道十分鲜美，又好吃又御寒。筑城的士兵、民工们喝了糟羹，周身发热，干活更有劲，筑城的速度大大加快。台州民众为纪念此事，将元宵提前一天，改为正月十四，并家家户户制作糟羹，相沿成俗。

中秋的传说：方国珍（1319～1374），元台州路黄岩州人，其父为避恶霸对夫人周氏的调戏，举家迁移洋屿（今属路桥区），方国珍长大后以浮海贩盐为业。至正八年（1348）十一月，方国珍被仇家土豪陈氏指控私通海盗，遂组织亲友拒捕并杀死巡检及仇家而逃亡海上，借元末各地纷纷起义之势与其兄国璋、弟国瑛、国珉旬日聚众千人而起事，劫夺官府的海运漕粮。方国珍充分利用自己超群的航海技术和组织能力，数次大败元军与乡兵，连俘元帅扈海和江浙行省左丞孛罗贴木儿，在灵江一役中杀死台州路达鲁花赤泰不华（状元，曾任礼部尚书）；至正十二年（1352）六月，方国珍夺取黄岩，八月，攻占台州（临海）。其后数年，方国珍屡叛屡降，被元廷所封的职务也越来越高。十六年为海道运粮万户兼防御海道运粮万户，十七年为江浙行省参政知事，方国珍控制着台州、庆元（宁波）、温州三路，成为元末江浙一支举足轻重的力量。方国珍对母亲周氏极为尊敬孝顺，而其母在其起事不久即病故。方国珍得势后为怀念母亲，在其割据地域将中秋节八月十五改为其母的生日八月十六，相沿成俗。

参考文献：

[1] 何奏簧．民国临海县志［m］．北京：中国文史出版社，2006；下册 34.

[2] 何奏簧．民国临海县志［m］．北京：中国文史出版社，2006；上册 208.

[3] 浙江地名简志［m］．杭州：浙江人民出版社，1988；431.

[4] 金普森等．浙江通史·元代卷［m］．杭州：浙江人民出版社，2005；363.

[5] 严振非．黄岩志［m］．北京：中华书局，2002；583.

戚继光台州创建敌台小考

徐三见

戚继光是明代著名的军事家，也是妇孺皆知的抗倭名将。戚继光的一生，大多都在马背上度过的，可谓戎马生涯，诚如其《马上行》所云：“南北驱驰报主情，江花边月笑平生。一年三百六十日，多是横戈马上行。”军旅一生的戚继光，不但赢得了人民的普遍爱戴，同时，也为后世留下了一批极其宝贵的军事财富。敌台，则仅仅是戚继光众多军事财富中的一种。

敌台的出现，既是军事发展阶段的产物，也是军事建筑史和城防史上的一个突破。诚如军事科学院王兆春先生在《戚继光对火器研制和使用的贡献》一文中所论：“戚继光创建的空心敌台……是对中国古代军事建筑学的巨大发展”，“不但具有重要的军事价值，而且在建筑学上也有许多创新之处”（见阎崇年主编《戚继光研究论集》，知识出版社 1990 年出版）。

戚继光建造敌台，主要是其晚年镇守蓟镇期间的事。隆庆二年（1568）五月。戚继光以都督同知总理蓟州、昌平、保定三镇练兵事务之职赴任蓟镇。自居庸关至山海关的二千余里，虽然从明初就已开始修筑长城，但边防并不坚固。乃至“岁修岁圮”，以至酿成嘉靖二十九年（1550）的“庚戌虏变”——俺答突破蓟门直逼京师的局面。为此，戚继光到任以后，即与他的老上司、时任兵部尚书的谭纶相继向朝廷建议在加固长城的同时，修筑三千座敌台，后经兵部复议，允建一千六百座。敌台的分布，随地置形，即势险之处可以少建，平夷之处则要多筑，一般之地亦可稍疏，而冲要之处必须多设。

敌台的建造，凡历五防（每年春秋二防），费时约两年半，据有关资料统计，戚继光在蓟期间，先后总计建造了一千四百四十八座。这一浩大工程的出现，使明之“北边”边防大大加强，春秋二防驻守的士兵，可以少受雨雪风霜之苦，真正做到了“有墙可据，有台可守”，战守咸宜。因之，当隆庆三年（1569）的第一批四百七十二座敌台建竣后，便受到时人的高度评价，称之为“规制精坚，可当雄兵十万，为边境百年之利”。终戚继光在镇十六年，敌不敢犯，蓟门宴然。不但功高当时，更是誉在千秋。

不过，戚继光建造长城敌台并非这一创举的开始，而是这一创举的沿续，也是其科学军事思想的升华。戚继光创建敌台的起点是台州。

戚继光于嘉靖三十四年（1555）秋 28 岁时调任浙江都司佥事，次年起任参将，分部宁、绍、台三府，三十八年（1559）改守台、金、严三府，分驻台州。浙江是当时倭寇骚扰最严重的地区，在浙而言，则倭患之烈莫过于台州。戚继光至台后：“先按海上形势，多间谍，严号令，广询谋。

与士卒草蔬野处。每遇贼至，奋不顾身……屡遇大寇，设谋咨划，辄令彼纠缠狼狈，自剪而死，若羊豕然。”至嘉靖四十年（1561），终于彻底解除了台州的倭患。

戚继光是一位天才的军事家。他在台州抗倭的八年时间中，屡战屡捷，一直立于不败之地，倭寇闻风丧胆。他之所以战功赫赫，完全在于其军事实践与军事理论的严密结合，以及战略战术与实际形势的高度统一，不断实践，不断总结，不断创新。

戚继光创建敌台是从台州临海的桃渚开始的。桃渚是当时的一个千户所城，是台州抗倭的第一前沿要冲。据明台州临海人何宠在嘉靖四十年（1561）三月所作的《桃城新建敌台碑记》中所述：

桃渚前岁被围七昼夜，城几岌岌，时千户翟铨膺是城守，羽书告急，公统大兵，压境长驱，以破巢穴，城赖以全，活者数万。斯视淮淝、渭桥、新塘之捷，不得专美矣。公后以东西一角为薮泽，蔽塞不通，因建敌台二所。城上有台，台上有楼，高下深广，相地宜以曲全，悬瞭城外，纤悉莫隐，以官府空基易价偿其费，人乐趋事，刻期台完，惠而不费，劳而不怨者乎。佥曰：桃城之立始自侍郎焦公，而台之建由于参府戚公。二公之功，其不朽乎！

《桃城新建敌台碑记》石碑刻成后就树立在桃渚城的城上，具体位置即今桃渚城的西北角，亦即西敌台所在的位置。不幸的是，该碑于1988年3月14日夜为一精神病患者推倒砸碎，今仅存残片而已。而不幸之幸的是，桃渚城里村的《柳氏宗谱》和《郎氏宗谱》都收录有《桃城新建敌台碑记》全文。

碑文告诉我们，桃渚敌台是“前岁”桃渚之战结束后建造的。对于“前岁”，从字面判断，可以理解为嘉靖四十年的“前”一年，也可理解为前两年。正确理解应该是前两年。这是因为，按我们台州的方言，当年的前一年称“旧年”，再前一年称“前年”，何宠碑文中的“前岁”，事实上是用了当地方言的时间概念。若是前一年，何宠在碑文中就应写作“去岁”了。碑文撰写于嘉靖四十年，那么桃渚之战无疑是在嘉靖三十八年。从文献史料的记载看，桃渚之战也的确发生在嘉靖三十八年，这在《台州府志·大事略》以及戚继光诸子编纂之《戚少保年谱耆编》的记载中都可得到证明。下引《年谱》为证：“嘉靖三十八年己未……夏四月……时桃渚被围月余，危在旦夕，四面皆贼，道路阻绝，于十六日丁巳，乘雨登兵四枝，设伏以待。复命鸟铳手数十人潜计入城，广张旗帜以为疑兵。次日戊午，贼攻城，鸟铳齐发，弹死甚众，而堞上旌旗蔽日，贼以为大兵且入，互相怨悔而退。”而《台州府志》与《戚少保年谱耆编》都没有只字提及嘉靖三十九年倭寇曾侵扰过桃渚，更没有述及戚继光曾到过桃渚。综上所述，戚继光与倭寇的桃渚之战发生在嘉靖三十八年（1559）四月，敌台即创筑于是年之战后。

需要说明的是，桃渚城敌台与长城敌台的功能和规模都是有所不同的。从规模上说，桃渚敌台相对较小，上下两层可容人总计也不会超过二十人，而长城敌台最初规划“四面广十二丈，虚中为三层，可驻百夫，器械糇粮，设备俱足，中为疏户以居，上为雉堞可以用武。”（见戚继光《请建空心敌台疏》）。后因用费太巨，高由五丈改为三丈，可住百人改为可住五十人。由于桃渚城的规模较小（周长1366米），因此桃渚敌台的功能没有必要考虑驻兵防御，而是侧重在瞭望与观察，此何宠在碑记中也交代得明明白白：“悬瞭城外，纤悉莫隐。”长城（指明长城）长达六千多公里，它完全不同于城堡式城池，屯兵点又少，故长城敌台的功能则注重于屯兵与防御，而瞭望观察虽然重要，但却是第二位的。

在明代嘉靖年间，对台州人民来说，抗倭是最为重要的头等大事，因此，城防的安危，也自然是当时人们的头等大事。桃渚建造敌台这一举措，也就自然而然地在台州各地得到推广，无论是台州府城，还是各县县城，以及海门、松门二卫，健跳、前所、新河、隘顽诸所，估计均应建筑过敌台，因为这是抗倭战争的需要，也是形势使然。

台州城有无建造过敌台？答案是肯定的。虽然台州的所有地方文献中，并无点滴有关台州城建筑敌台之记载，但《戚少保年谱耆编》却有所透露。《年谱》是这样记述的：“嘉靖四十年癸酉……夏四月，岛夷肆掠台州。分督新练兵，连捷于寺前桥、花街等处，大歼灭之。”这段话是对嘉靖四十年四月的总体概述，下文又详述云：“乃于二十七日丙辰昧旦，部兵自桐岩疾趋台州，期入城中会食……台守王公乃发粟于城外，大兵方炊，遽报贼至。时台州久雨多倾圮，又因议建敌台，拆毁二十余处未修……而贼已突入靖江山下，潜抵花街，距城二里，乃呼众谕以大义。”从“又因议建敌台，拆毁二十余处未修”一语看，当时敌台建造工作已经开始，估计在此后的一两个月内，敌台即能建造完成。由此推论，台州城的敌台建成于嘉靖四十年(1561)是没有问题的。

那么，嘉靖四十年台州府城的敌台到底是谁建造的呢？我国古长城研究的权威人士罗哲文先生在《历史文化名城临海》（浙江人民出版社2002年9月出版）一书的序言中说：“临海古城墙……是明朝抗倭名将戚继光在台八年，会同台州知府谭纶，精心构思，精心设计，兴工改造的。即将城墙加高加厚，并创造性地修筑了十三座骑墙二层空心敌台。”此外，罗哲文先生在《江南长城》（新华出版社2000年10月出版）一书的序言中也有类似的论述。与此稍异，胡长春先生在《谭纶评传》（江西人民出版社2007年9月出版）中亦云：“谭纶在任台州知府期间，亲自主持台州旧城墙的扩建工程。谭纶在旧城墙的改造过程中，多方募捐集资，精心规划设计，部分地改变了原有城墙的形制、结构，将其加宽加厚，四周用青砖包裹，中间用泥土夯实；并创造性地在城墙上兴建了13座二层空心墩台，以及大量的城堡、城门、城楼、瓮城。”

谭纶于嘉靖三十四年至三十八年间任台州知府；戚继光则于嘉靖三十五年七月分守宁、绍、台，至四十年十月师援江西。从总体上说，谭纶与戚继光在台州共同或各自修筑过城墙是没有问题的，《新建敌台碑记》即云：“大参府南塘戚公，有台、金、严之重任。公至，补弊救偏，兴革利弊，立体统，树勤职，谨斥堠，练士卒，坠者修，废者举，增城浚壕，靡不周悉。”可惜的是，台州的方志并没有给我们留下较详细、更具体的文字，我们现在也很难能把谭、戚在台修城的起讫时间、工程始末搞得一清二楚。至于桃渚城、台州府城敌台的创建，应该主要是戚继光的作用，谭纶似乎没有太多的参与。理由是：一、桃渚敌台，何宠的《桃城新建敌台碑记》明确记述“台之建由于参府戚公”；二、谭纶早在嘉靖三十八年出任东海道副使即已调离台州，往驻宁波。嘉靖三十九年九月升浙江布政司右参政，因丁父忧，谭纶于嘉靖次年三月十九日回江西守制，虽不久起复，但转战于江西、广东、福建一带，职守亦随之变动，任为福建巡抚。台州府城墙建造敌台时已远离台州。

据《台州府志·职官表》记载，嘉靖四十年的台州知府为李光宸，嘉靖三十九年为王可大。王可大于嘉靖三十九年到任，嘉靖四十年的上半年肯定还在任上，此上引《戚少保年谱耆编》“台守王公”云云可证。综合各方面的情况我们可以得出如下结论：台州城建造敌台，构思策划者无疑是戚继光，具体实施者应是王可大，王可大之筑台，则是根据戚继光的设计方案而实施的。王可大在嘉靖四十年离任，具体时日不详，若其离任尚未竣工，则继其事者当为李光宸。

至于说戚继光或谭纶在台州城创建了十三座空心敌台之数，可惜都没有说明出处，以笔者之寡闻，至今仍不知这“十三座”之数确切与否。如果从《戚少保年谱耆编》来释读，至今尚有诸多疑问。《年谱》清楚地告诉我们，“又因议建敌台，拆毁二十余处未修”，这“二十余处”既然均为“议建敌台”而拆，是则当时建造的敌台应有二十余座。再从现存城墙的所见之台基而言，北固山上共有八台，沿江一带则有十处（其中望江门旁两处规模特小，不一定建造敌台），东面城墙已毁，难得其数，但彼此相合，似乎亦应以二十余座较为合理。

概言之，戚继光在台州建造的敌台，与在北边长城所建造的敌台，两者无论是规模还是数量，均不可同日而语，彼此的不同，则正好体现了戚继光不断发展的军事思想和超人的军事才能，也充分演示出军事实践与军事理论的形成关系。

由于戚继光在台州抗倭及其修城筑台这一精彩的历史折页，使我们东海之滨的两座古城——台州府城、桃渚城，与燕赵边塞的明代长城——包括众所周知的北京八达岭长城，在文化内涵上也就有了无形的和必然的联系，倘能予以进一步的发掘，深入研究，彼此沟通，应该说是一件十分有意义的事情。

附：明何宠《桃城新建敌台碑记》

新建敌台碑记（篆额）

桃城新建敌台碑记（首行题）

夫德必有纪，昭不忘也。功以石铭，示不朽也。功存夫石，德感诸人，故亘天地，穷古今，未尝或爽也。桃渚世受倭患，历兹三迁，于今视昔尤炽，大为城社忧，民不获其生有年，当宁宵旰之虑，推贤选公，大参府南塘戚公，有台、金、严之重任。公，将胄也，少负才杰，磊落不羁，必欲赞大策，立大勋，以展试于世。念夫承平日久，边防废弛，人不知兵，公至，补弊救偏，兴革利弊，立体统，树勤职，谨斥堠，练士卒，坠者修，废者举，增城浚壕，靡不周悉。桃渚前岁被围七昼夜，城几岌岌，时千户翟铨膺是（按宗谱脱“是”字，原碑则清晰可辨）城守，羽书告急，公统大兵，压境长驱，以破巢穴，城赖以全，活者数万。斯视淮淝、渭桥、新塘之捷，不得专美矣。公后以东西一角为薮泽，蔽塞不通，因建敌台二所。城上有台，台上有楼，高下深广，相地宜以曲全，悬瞭城外，纤悉莫隐，以官府空基易价偿其费，人乐趋事，刻期台完，惠而不费，劳而不怨者乎。佥曰：桃城之立始自侍郎焦公，而台之建由于参府戚公。二公之功，其不朽乎！碑以记之，将于铜柱之标，岘山之思，剑阁、燕然之勒以自夸耶？公英敏天授，兼资文武，且师行有纪，号令严明，秋毫无犯，封豕不惊，禁淹子女，则仁信智勇严备矣。若夫报功生祠，保安之楼端于公，望敌台兹石，聊切苍生之梦思耳。于公何足重轻。余于京师稔闻公名，以谳狱事南行，父老口备公行实，适以勒石事来征，故乐书之。公山东登州卫万户侯，讳继光，字文明，南塘其别号云。

赐进士第（刑）部郎中文峰何宠撰。

时嘉靖四十年岁次辛酉季春吉旦。

◎古城瑞雪

◎冬雪后的滨江老城

◎古城夕照

后记

《台州府城墙》是一本图文并重的学术性著述。编撰此书的缘起，是2011年春节期间我国文物界的权威人士罗哲文、吕舟、傅清远诸先生在临海考察古城时提出来的，目的是为台州府城墙加入“中国明清城墙”组合申遗提供研究成果和理论参考。

在编撰体例上，考虑到日后材料使用的方便，也考虑到部分专家大多未必一次性通读全书，而是往往有所侧重，故每篇力求完整，虽各篇之间部分内容与引文或有叠加，亦所不计。《附录》中的《与城墙相关的历史文献》，为保持材料的原真性，仍以底本为据，采用繁体字。

书稿的撰写，《台州府城墙的现状》由滕雪慧执笔，《台州府城墙的地理环境》由陈引奭执笔，《台州府城的民风民俗》由郑瑛中执笔，《台州府城的历史建筑》由王怡德执笔。徐三见撰写了《台州府城墙的历史沿革》、《兼具军事防御与城市防洪的双重功能》、《独特的构造手法》、《最完整保留历史信息的地方城池》、《台州府城的历史格局》、《台州府城的山水与人文境界》，并负责统稿。本书编委会主任、临海市委宣传部部长卢如平在撰写了《现存最早采用砖石全面包砌技术的古城墙》与《明长城的“师范”和“蓝本”》的基础上，审阅了全部稿件，并订正了不少错讹；编委会副主任、临海市文广新局局长苏小锐亦对全书进行了审订。摄影以卢明光为主，参与者有王俊、张杰、金孝木、龚永石、马欣等。国家文物局古建筑专家组组长、中国文物学会会长、中国长城学会名誉会长罗哲文先生为本书专门题词，故宫博物院原副院长晋宏逵先生拨冗为本书作序，文物出版社社长、中国书法家协会副会长苏士澍先生在百忙中为本书题笺，文物出版社副总编辑张昌卓先生对本书的出版予以多方帮助，在此一并表示谢忱！

本书从组织撰写到正式出版，时间上显得有些仓促，加上撰写者都是地方研究人员，限于识见，书中缺点和错讹之处势所不免，敬祈专家学者有以指正。

编者

2011年10月1日

封面设计：程星涛
版式设计：葛晓霞
谢　飞
责任印制：梁秋卉
责任编辑：张　玮

图书在版编目（CIP）数据

台州府城墙/徐三见主编.—北京：文物出版社，2011.12
ISBN 978-7-5010-3349-2

I.①台… II.①徐… III.①关隘—介绍—临海市 IV.①K928.77

中国版本图书馆CIP数据核字(2011)第240059号

台州府城墙
徐三见 主编
文物出版社出版发行
（北京市东城区东直门内北小街2号楼）
http://www.wenwu.com
E-mail:web@wenwu.com
浙江影天印业有限公司印制
新 华 书 店 经 销
787×1092 1/8 印张：35
2011年12月 第1版 2011年12月第1次印刷
ISBN 978-7-5010-3349-2 定价：280.00元